で考えたこと

テッサ・モーリス-スズキ
Tessa Morris-Suzuki

a pilot of wisdom

目次

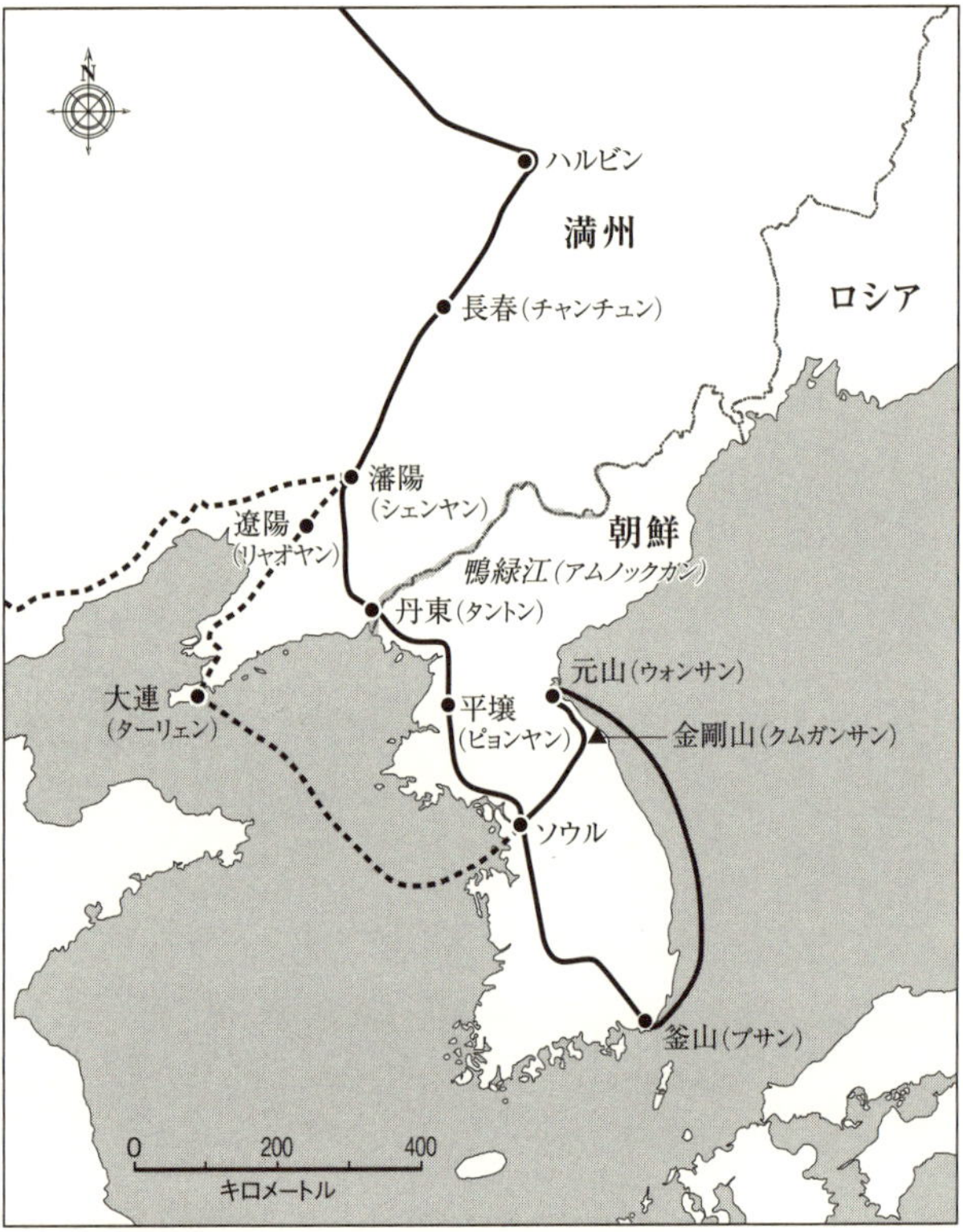

1910年当時、エミリー・ケンプが旅した経路

Tessa Morris-Suzuki, *To the Diamond Mountains*の地図を元に作成。
太線は往路、点線は復路。

関連地図

N
瀋陽(シェンヤン)
鴨緑江(アムノックカン)
丹東(タントン)
新義州(シニジュ)
元山(ウォンサン)
平壌
(ピョンヤン)
侍中(シジュン)
金剛山(クムガンサン)
沙里院(サリウォン)
開城(ケソン)
板門店(パンムンジョム)
都羅山(トラサン)
ソウル
仁川(インチョン)
大田(テジョン)
釜山(プサン)
巨済島
(コジェド)
0
100
200
キロメートル

はじめに——鴨緑江のむこう側

船はエンジン音を響かせて中国側の岸を離れると、鈍色《にびいろ》の水をたたえた広い鴨緑江《アムノックカン》にのりだしていく。乗客は手摺《てす》りに鈴なりになっている。それにまじって、わたしとわたしの旅の連れふたりも、むこう岸のぼんやりかすんだ輪郭にじっと目を凝らす。友人のエマ・キャンベルはイギリス人だが、中国を広く旅しているうえ、この国で暮らしたこともある人で、今しがた乗船してきた中国人家族としきりと冗談を言いあっている。わたしの姉のサンディは画家で、今もスケッチブックを携えているが、小さな船のこの揺れではまともに線を引くのもむずかしい。

空を背景に、丘の連なりのギザギザが見えはじめる。最初は青みがかった灰色だった山肌が、船が近づくにつれて黄ばんだ褐色になってくる。木がまるで生えていない、裸の丘。荒涼とした斜面には乾いた段々畑があるだけ。

「あっ、ほら！」ひとりの乗客が声をあげる。「兵士がいる」

対岸の堤をとぼとぼ行くちっぽけな人影がなんとか見分けられる。岸が近づくにつれて、すこしずつ、ほかの人たちの姿も現われ、やがて家も見えるようになる。谷間が水際までのび、そこに白い漆喰壁《しっくいかべ》の農家の集落がある。どの家も灰色の瓦葺《かわらぶ》きの屋根、窓がふたつ、扉がひとつ。扉の前は塀でかこまれた前庭。遠い畑で動く村人たちの蟻《あり》のような影は、牛に鋤《すき》を曳《ひ》かせて、土を耕している。子どもを連れた女の人がひとり、水際にしゃがんでなにやら草を摘んでいる。

船がさらに近づくと、岸辺の人影はみんなわずかに顔をあげてこちらを見るが、すぐにそれぞれの仕事にもどる。河沿いの道を男の人が犬を連れて歩いている。船が通りすぎると、犬は競争するつもりか、しきりと引き綱をひっぱる。乗客のなかには、犬とその飼い主に双眼鏡やカメラを向ける人もいる。ごく日常的な犬の散歩をしているときに、外国人観光客にじっと見られたり写真やビデオに撮られたりしたら、いったいどんな気持ちがするだろう……。

船がむこう岸ぎりぎりまで近よると、陸地が頭上にせまる。崖《がけ》の上に男の子がふたり現われて、両手を高くかかげる。手を振っているのだろうか、それとも石でも投げているのか……。鴨緑江の深い流れはどちらの国にも属さない水域で、この船も船長の好きなだけ岸に近づいていい。しかし目の前の陸地は北朝鮮（朝鮮民主主義人民共和国）。浅瀬に乗り上げでもしたら惨憺《さんたん》たることになるだろう。

船はぐるっと半回転して、流れの中ほどに向かう。北朝鮮側の岸に錆《さ》びついた巨大な工場が現われる。崩れかけた建物や煙突は廃墟《はいきよ》のようにみえるが、どこか奥深い排気口から煙を吐きだしている。まるで地中の奥底から洩《も》れてくるかのようだ。船が中国側に向かうにつれて工場の凄《すご》みのある姿もしだいに遠ざかり、朝鮮の裸の丘も青くかすみ、そして消えていく。

あさってにはわたしはこの河の朝鮮側に立つことになるだろう（と望んでいる）。だが、折悪しくも今（二〇〇九年）は緊張のとき。北朝鮮はまたもや長距離ミサイルを発射して、ただでさえ危なっかしい瀬戸際外交ゲームをさらにエスカレートさせたばかりだ。数週間前にはアメリカ人ジャーナリストがふたり、国境近くで逮捕された。いまごろは平壌《ピョンヤン》のどこかの獄中で辛酸《しんさん》を舐《な》めているのだろう。そして、わたしたちの北朝鮮入国ビザはまだ下りていない。

*

この旅は――考えてみれば、たいていの旅はそうだろうけれど――ごくなにげなく始まった。

そのときには気づかなかったが、鴨緑江への道の第一歩をわたしはちょうど一年前に踏みだした。それは、あまり順調とはいえないある日、わたしの住んでいるオーストラリア、キャンベラの街外れの裏通りでのことだった。

わたしはいつものことながら時間に遅れていた。別の場所でおこなわれたある会議から帰宅したところだった。飛行機は遅れたし、暑くて、機嫌が悪かった。荷物を置くとすぐに、次の会議に必要な書類を手に大学に向かった。一月で、オーストラリアでは真夏。車の中はさながらオーブンのよう。それでも、助手席に置いた書類の束の一番上の議事スケジュールにちらっと目をやって確認すると、思いがけずほんのすこし余裕があるではないか。三時に始まると思っていた会議は、じつは三時半まで始まらない。貴重な三〇分ができた。

大通りに車を走らせながら頭のなかで計算して、ちょっとした楽しみのために割く時間がぎりぎりある、という結論をだした。そこで、信号にぶつかる前に曲がって、裏通りに入った。片側に巨大なスーパーマーケットがあって、反対側には救世軍の慈善ショップ。うらぶれたウィンドウにカクテルドレスや見捨てられたおもちゃなどが並んでいる。それから、ある小路に車を乗り入れると、飲茶《ヤムチャ》の店の前に駐車して、その隣の店のスイングドアをさっとくぐった。

すると、そこはまったくの別世界。

涼しい。光の質が違う。臙脂色《えんじいろ》の壁にしつらえられたいくつもの棚に、古い本や新しい本がびっしりと並んでいる。カウンターの後ろに、ちょっと色褪《いろあ》せた和服が何着か飾ってある。店の中央にあるガラスケースのなかでは、大判の古地図帖がインド洋のページを開けて〝既知の世界〟のすみで跳ねる海獣たちを見せている。ここはわたしの大好きな書店。どの棚も旧知の友人のようだ。どの棚にハックルートの航海記があって、どの棚に一九世紀日本についてのラフカディオ・ハーンの深い考察が、どの棚にページの端を折って印をつけたラダックの野生植物についての本が、それぞれあるか熟知している。もう何度ここを訪れ、死ぬまで買えないだろうインドの細密画を見つめ、セピア色の絵葉書の山（バタヴィア、シムラー、ポート・アーサー……）をかきまわしたことか。

でも今はたった三〇分。あれこれ見てまわる余裕はない。オンライン・カタログで見つけて予約しておいた本を一冊うけとるだけ。*The Face of Manchuria, Korea and Russian Turkestan*（満州、朝鮮、ロシア領トルキスタンの顔）と題されたその本は、金文字の背に、厚い紙の小口をペーパーナイフで切った、深緑色の書物だった。表紙には、満州の衣装と思われる（あとでわたしの勘違いとわかったが）奇妙な服を着た小さな男の姿が型押しされている。わたしはざっとページを繰って、E. G. Kemp という聞いたことのない著者名や、「三人の姉たちに」という献辞、そして各章の見出しに連禱《れんとう》のように並ぶ地名を眺めた―― Hulan（呼蘭《フーラン》）、Liao Yang（遼陽《リャオヤン》）、the Thousand Peaks（千山《チエンシャン》）、Pyong Yang（平壌）、Seoul（ソウル）、Fusan（釜山《プサン》）、the Diamond Mountains（金剛山《クムガンサン》）……。

モノクロや色刷りの挿絵もついている。わたしはページをめくって〝遼陽の朝鮮門〟と題される一枚に目をとめた。一条の光が幅広いアーチ門を照らしている。朝鮮の使節が、中国の皇都北京への進貢の旅の途中、これをくぐったのだった。それから、〝Devil Posts〟（チャンスン）と題される小さい美しいペン画や、千山にある寺の水彩画、殺害された閔妃《ミンビ》の墓を描いた白黒の絵などを見た。

序文によると、著者（E・G・ケンプなる人物が男なのか女なのかまだわからなかった）は「友人のミス・マクドゥーガル」とともに一九一〇年二月一日に出立し、シベリア横断鉄道で満州と朝鮮を旅してまわり、中央アジア経由で帰国した。中国国境地帯の命運と、その命運が世界の先行きに及ぼす影響についての懸念が動機となっての旅だった。

ヨーロッパをはじめとする列強は、（義和団事件後に）中国政府から獲得する商業的・政治的利益の可能性をめぐって口論してきたが、一定のところまで引き下がった。それでも、獲物から引き離されて唸《うな》る犬のようにいまだにその貪欲な目をじっと凝らしているなかで、ロシアと日本が着実に、しかし密やかに、中国国境地帯における支配力を強めている。これら国境地帯とは満州と朝鮮であり、この方面にこそ新たな発展が期待される。

E・G・ケンプは、これら国境地帯は重大な変化に直面しており、この変化には世界全体を揺るがすほどの力がある、と感じていた。なぜなら、その一触即発の状況に最近になって新たな要因が加わったからである。この地域への日本の進出である。「その進出のもっとも新しい一歩は、満州への幹線道たる朝鮮の併合である」

序文の日付は一九一〇年八月二六日。そのちょうど四日前、朝鮮は日本の植民地になっていた。

E・G・ケンプについてわたしはなにも知らなかったし、この人が旅の道連れにしたいような人なのかどうか見当もつかなかったが、序文のことばの奇妙な偶然はこだまとなって心に残った。

ケンプが旅した地域は、その一世紀後の今、再びきわめて重大な変化に直面しているように思える。二一世紀初頭の一〇年間における中国の擡頭《たいとう》が、この地域の力関係、さらにはグローバルな力関係において、既定の事実とされてきた事ごとをひっくりかえしつつある。世界が経済危機に直面するなか、中国はグローバル資本主義の未来のカギをますますしっかり握るようになった。しかし、前世紀の初頭に日本が掌中に収めた力が国際不安をかきたてたのとまったく同じように、今世紀の初頭における中国の自己主張は、近隣諸国や地域外の広い世界から、賞賛と不安のいりまじった、似たような反応を喚起している。

しかし、併合から一世紀後の現在、とりわけ不安定なのが朝鮮半島の命運である。朝鮮はかつて冷戦時代に引かれた国境線によって今もって分割され、六〇年間続いてきた軍事対立のなかで理論的にはいまだ戦争状態にある。そして朝鮮は、近代の歴史を通して一貫して、中国、日本、ロシアの関係の支点となってきた。日清戦争（一八九四―九五）と日露戦争（一九〇四―〇五）はどちらも朝鮮半島の支配権をめぐる戦いだった。日本は、平壌と鴨緑江での戦いで勝利したことで、二〇世紀北東アジアにおける優勢を確実にした。そして、その日本が朝鮮半島を併合したことは、世界の目にその優勢の誇示と映ったのだった。

今日、朝鮮半島はこの地域でもっとも剣呑な火種であり、ひいては、世界でもっとも危険な火種のひとつになっている。冷戦の硬い破片はいまだ溶解しないまま、ふたたびこの地域を引き裂こうとしている。この緊張状態は、平和的な結果に終わろうと、暴力沙汰《ざた》に発展しようと、東アジア全体の力の均衡を決定的にくつがえし、将来の安定と繁栄を決定づける力を含んでいた。

朝鮮併合の瞬間に満州と朝鮮を通過したケンプとマクドゥーガルの足どりを追って、この地域でふたりが見た風景と今の姿とを比較することができたら、もしかしたら、北東アジアの現在のダイナミズムと一触即発の危なっかしさの根源をいくつかでも掘りおこすことができるかもしれない。経済的急発展と絶望的貧困とが混じりあう驚くべき状況の今、ふたりが遭遇した満州と朝鮮の痕跡《こんせき》はいくらかでも残っているだろうか、遼陽の朝鮮門はまだあるのだろうか、とわたしは思った。ケンプが中国の千山で描いた寺は、革命と文化大革命によってきれいさっぱり消されてはいないだろうか？　そして、金剛山は？　信じられないような高みにいにしえの寺を置いたあの金剛山は、いまは朝鮮半島を分断する線の北側になっているのだが……。わたしもケンプのように「この国が今あるありのままを見たい」と強く思った。

本を小脇《こわき》にかかえて急ぎ足で店を出るころには――三時半の会議にはとっくに間に合いそうもなかった――わたしはすっかりその気になっていた。車を回転させて、ほこりっぽい夏の暑さにあえぐキャンベラの大通りに乗り入れながら、わたしはすでに鴨緑江に向かっていて、その先にそびえる金剛山を夢みていた。

＊

E・G・ケンプとメアリー・マクドゥーガルが引き船で鴨緑江を中国から朝鮮へと渡ったのは、春もまだ浅いころで「不気味な氷塊」が水面いっぱいに流れていた。ハルビンから南に向かい、満州を過ぎ、朝鮮半島の端まで南下し、それから東海岸沿岸を海路北上して元山《ウオンサン》や金剛山に達したふたりの旅は、列車や船に乗ったり、橇《そり》や荷役馬を使ったりの行程だった。

一世紀がすぎて、輸送手段にはふたりが想像もできなかった革命があった。馬橇や荷役馬はタクシーや四輪駆動車にとって代わられた。瀋陽《シエンヤン》やソウルのホテルはオンラインで予約できる。ジャンボジェットが大陸から大陸へと数時間で運んでくれる。しかし、政治によってずっと難しくされたこともある。じじつ、ふたりの旅を正確になぞって再現することが不可能なのは政治のせいである。E・G・ケンプが北東アジアでたどった道は、今、三八度線に沿った通行不可能な障壁によって遮られている。幅四キロメートルの帯状のこの土地は、皮肉にも〝非武装〟地帯と呼ばれるが、現実には地球上でもっとも厳重に武装されている場所のひとつとなっている。

たとえ北朝鮮の入国ビザが（わたしの期待どおりに）あした届いたとしても、朝鮮半島の全長を縦断するわたしたちの旅は、かなり込み入った迂回《うかい》を要するだろう。

*

鴨緑江の中国側に戻ったわたしたちは、船着場で下船して、堤防をブラブラと上っていく。舗装されていない道の両側の小さな市場はとても賑《にぎ》わっている。焼き栗や、肉の串刺し、まだらに焦げた黄金色のとうもろこし、木彫りのランタンなどを売る屋台が並んでいる。気の張る河下りですっかりお腹が空いた。わたしたちは、傷跡のある日焼けした顔の男から、この土地で採れた大きくて汁気たっぷりのとうもろこしを買う。

わたしがとうもろこしにかぶりついたちょうどそのとき、群衆のなかから中国の警察官がずんぐりした姿を現わした。緑色の制服をぱりっと着込んで、ちょっとした戦闘の指揮官のように見えるその警官は、決然とこちらに向かって歩いてくる。国境地帯に胡乱《うろん》な外国人がいる、と密告した者がいたにちがいない。

「パスポートを見せなさい」警官がエマに命じた。「ここで何をしている？」

鴨緑江に浮かぶ船（サンディ画）

「ただの観光よ」

「どこを観光してきたのか、正確に言いなさい」警官はパスポートのページをゆっくりとめくる。

「ハルビンを出発して、列車で長春《チャンチュン》に行って、それから瀋陽に行って、それからここ丹東《タントン》に来ました」と、エマ。「わたしは来週早々に中国を離れますが、（サンディとわたしを指して）ふたりは北朝鮮に行く予定です」それから、すばらしく魅力的な微笑をうかべる。「こちらはテッサ。オーストラリアの大学の教授で、貴国の長く偉大な歴史をとても熱心に学んでいます。そしてこちらはお姉さまのサンディ。わたしたち、中国旅行が大好き。丹東はほんとうにきれいですね」

　警官が表情をすこし緩める。それでも、とくに難解な暗号を解こうとしているみたいに、まだパスポートを仔細《しさい》ありげに睨《にら》んでいる。それから不意に返してよこす。「気をつけて、いい旅を」そう言うと、現われたときと同じように忽然《こつぜん》と姿を消す。

エマがふうーっと大きく息をつく。「中国の警官に尋問されたのは初めてよ」

最近のアメリカ人ジャーナリストが逮捕された事件以来、誰もがちょっとびくびくしているようだ。

ホテルに戻ると、わたしはふたつのスーツケースの中身を全部空けて、ひとつひとつ点検する。ビザが下りて北朝鮮に入国できた場合、わたしたちの手荷物のなかに当局の疑惑を招くようなものがひとつとしてないようにしておかなければならない。中国側に残していく物の小さい山ができる。つい先だって出席した韓国での会議の文書類。公式な日程表には含まれていない場所について書いてある、平壌の〝オルタナティブ〟案内書。そして、ここまでの道案内をしてくれた *The Face of Manchuria, Korea and Russian Turkestan* の複写コピー。あちこちのページの角が三角に折ってあるコピーを手にとって、一九一〇年の平壌についてのケンプの描写をざっと読む――アジアにおけるキリスト教の一大センターで、キリスト教会が三九もあり……。そして、泣く泣く残していく物の山に載せる。

ここまでのところ、この本とその著者は誠実な案内人であることを証明した。わたしたちを人びとや場所に引き合わせて、今日の中国北東部の驚くほど闊達《かったつ》な多様性に眼を開かせてくれた。それに、鴨緑江までの長い道のりを共にして、わたしはこの漠然としていたE・G・ケンプについてかなりよく知るようになった。

この本が出版された当時も、著者を男性だと思った批評家が何人かいたようだが、E・Gがエミリー・ジョージアナの頭文字であること、この人が一九世紀から二〇世紀初頭にかけて一大集団をなしていたイギリス人女性冒険旅行家たちのひとりであったことがわかった。もっとも、ケンプより前に北東アジアを旅行した有名なイザベラ・バードほど知られてはいない。でも、E・G・ケンプを知れば知るほど、この落差がわたしには腑《ふ》に落ちない。

ずっと前に亡くなっている道連れの自画像を、わたしはもう一度眺める——しっかりした目鼻立ち、皺《しわ》のめだつ顔、色の褪せかけた鳶色《とびいろ》の髪、分厚い眼鏡の奥の灰褐色の目。そして、もし会えていたら仲良くなれただろうか、と考える。上流の子女のための寄宿学校の校長先生で、尊敬されているがちょっと恐れられてもいる、といった趣きの人だ。ただ、それにそぐわない点がひとつだけある。自画像に旅の学者の着る中国服姿を選んでいることだ。襟の高い錦織《ブロケード》の長服に、毛皮の裏のついた上着、つばの広い麦藁《むぎわら》帽子、そして手には彫りのある木の杖《つえ》。

敬意を抱くだろうが、緊張もするだろう、とわたしは思う。この人とは政治について意見が違うことが多いだろうし、わたしの音楽の好みにこの人は呆《あき》れるだろうし、わたしも、この人の口から〝文明〟とか〝野蛮〟といったことばを聞くたびに内心辟易《へきえき》するだろう。

でも、こうしたことについて意見が異なる、ということで意見が一致すれば、たぶん話題には事欠かないだろうし、ときどきはいっしょに笑うタネもありそうだ（わたしの見るところ、この目には辛辣《しんらつ》なユーモアのセンスの閃《ひらめ》きがある）。北東アジアへの生涯の愛も、この地域についてヨーロッパや北米のほとんどの人があまりに無理解だという信念も、その理解がなければ世界の運命を理解することは不可能だという確信も、わたしたちは共有している。

そして、近代中国を変貌《へんぼう》させたさまざまな出来事とエミリー・ケンプの生涯が深く、そして思いがけないかたちで、もつれあっていたこともわたしはすでに知っている。

第一章　国境

▼エミリー・ケンプの愛した中国

エミリー・ジョージアナ・ケンプとミス・マクドゥーガルは、ヨーロッパとシベリアのステップを何週間もかけて列車で越え、その長旅にうんざりしきって中国北部の町ハルビンに到着した。氷が解けはじめる寸前だった。そして、しっかりと毛皮にくるまり、ロシア式の屋根なし軽装四輪馬車《ドロシユキー》に乗って、町の北の端沿いに、氷結した松花江《ソンホワチアン》（スンガリ川）を渡った。

しかしその一七年前、すでにケンプは中国を心から愛するようになっていた。それは一八九三年、ケンプの乗った船が「台風の尻尾《しっぽ》を追うような長い苦しい航海をつづけたあと、ようやく暴風雨から抜けて、すばらしい香港湾にすべりこんだ」ときのことだった。中国はケンプにとって人生で最悪の悲劇のおきた場所であり、その原因でもあったが、それでもこの恋は生涯冷めることはなかった。

ケンプを魅了したのは、この広大な国の古代からの文明と近代的な活力の結びつきだった。このうえなく辺鄙《へんぴ》なところまで足を延ばして、中国の旅を心底楽しんだ。最初の訪問からほぼ三〇年後にも、満州を抜け、鴨緑江《アムノツクカン》を渡り、金剛山《クムガンサン》で道に迷ったあげくに、こう書いている——「安楽を好むイギリス人には奇妙にきこえるかもしれないが、悦びこそが中国のいちばんの魅力である。バシリスクの目に射すくめられたかのように、どうにも抗いがたく魅了される」。

エミリー・ジョージアナ・ケンプはイギリス産業革命の中核に生まれた。自らのやや自嘲《じちょう》的《てき》な表現によれば「ヴィクトリア朝中盤の子」である。その心も魂も、満州から何千マイルも離れたイングランド、ランカシャー州ロッチデイルの町で、自由企業、非国教主義、強い社会改革志向といった精神を揺りかごにして培われた。子ども時代のエミリーと四人の姉たち、ひとりの弟は、ロッチ河岸に建つ巨大な繊維製品倉庫に積みあげられたフランネル地の梱包《こんぽう》のあいだでかくれんぼをして遊び、煤《すす》まみれの汚らしい裏街に貧民を訪ねて施し、成り上がりの繊維業界大立て者に招かれて新古典主義様式の大邸宅でお茶をいただいた。一九世紀後半のロッチデイルで最大の雇用主のひとつがケルソール・アンド・ケンプ毛織物会社で、エミリーは、その創業家の五番目の子として一八六〇年に生まれた。母親のエミリー・リディアは創業者ヘンリー・ケルソールの娘で、そのケルソールの会計士からのちに共同経営者になったジョージ・トーク・ケンプが父親だった。

両親は敬虔《けいけん》なバプティスト派キリスト教徒で、そのバプティスト派信仰と〝貧窮階層〟への精力的な慈善意欲は、エミリーの人生、思考、紀行文にその痕跡を残した。四人の姉のうちふたりが宣教師となって中国とインドに赴き、エミリー自身は宣教には携わらなかったが、旅の先ざきで宣教師たちの家によく投宿した。一方で高い教育をうけて育ち、フランス語、ドイツ語、イタリア語を話したが、「残念ながらラテン語はできない――ラテン語はいまだに女の子には必要ないと思われている」。オクスフォード大学で学んだ第一世代の女性のひとりで、女子カレッジとして創設間もないサマヴィル・ホールに、設立二年後の一八八一年に入学し、その後さらにロンドンのスレイド・スクールで美術を学んだ。ロイヤル・スコティッシュ・ジオグラフィカル・ソサエティの会員《フェロー》となり、知識人、芸術家、政治家たちの知己をえた。旅行家であるかたわら猛烈な読書家でもあり、ヨーロッパの主要な東洋学者たちの著作のみならず、中国古典や日本の学者や外交官の書いたものの英訳なども読んだ。

エミリー・ケンプの旅はその生い立ちがはらむあらゆるパラドクスを体現していた。産業革命たけなわのイギリスに蓄積された富がヴィクトリア朝の帝国拡張に燃料を提供していたように、ロッチデイルの織物工場でぶんぶん唸りをあげる糸車からあがる利益が、エミリーの旅や姉たちの宣教活動の資金となった。それでもエミリーは西洋の帝国主義を鋭く批判することもあった。中国人のもっとも重要な任務は「自らの国を守り、アジア北部が非アジア植民地主義者たちに侵略されないように努力することだ」と書いている。

▼一九一〇年、ハルビン

ケンプとマクドゥーガルが満州と朝鮮への旅に勇躍踏みだした一九一〇年、その出発点となったハルビンはおしなべてロシア人の町で、中国人は乗り物で中心部に入ることが許されていなかった。ハルビンは、ロシアがシベリアから中国北部に向けて敷設していた鉄道の便宜のために建設された。ほんの一〇年ほどのあいだに、まったいらな満州平原の表面に、目抜き通りやカフェ、浴場、正教会聖堂などがまるで雨後の筍《たけのこ》のように出現したのだった。ケンプは、なじるように、この町は「いやになるほど生新しく見える」と記した。

エミリー・ケンプの足跡を追う旅に出ようとしているわたしは、シベリアの針葉樹林《タイガ》から吹く刺すように冷たい風のなか、ハルビンの河岸に立っていた。松花江の凍てつくような流れに空っぽの遊覧船が浮かび、龍をかたどった船首がしきりにうなずいている。サンディとわたしの背後には、肩に布袋をかついだ金歯の老人がひとり。その姿は、一〇〇年前にシベリアから毛皮を運んできてこの河岸で商っていた先住民そのままなのかもしれない。

本人はそうとは気づいていなかったかもしれないが、エミリー・ケンプはロシア人の町としてのハルビンの束の間の栄光をかろうじて目撃したのだった。一九一〇年のハルビンはすでに目には見えない圧力に直面していた。最終的にはその圧力によってこの町からロシア人住人たちは追い出され、建築物だけが残ることになる。

このロシア人の町のヨーロッパ的近代性を不快に思ったケンプとマクドゥーガルは、煉瓦《れんが》と金箔を施した漆喰壁から逃れようと、松花江を渡り、橇で一六マイル移動して、ケンプが「いかにも中国らしい町」と書いた呼蘭《フーラン》に到着した。

現在の呼蘭は、華やかで繁栄しているハルビンとは異なり、中国の経済成長が労働者におよぼしている厳しい側面をそのまま具現化している。毛沢東時代に建設された集合住宅群の灰色のコンクリートは表面がぼろぼろ崩れて、汚れが雨に流された跡が筋になっている。それでも、屋根のある中央市場は今も、エミリー・ケンプが一世紀前にここで見たのとおなじ賑わいをみせている。

ケンプの中国語の知識はごく限られていて、朝鮮語となるとまったくお手上げだった。おそらくはそのためだろう、旅の途中で行き会った満州に流入する出稼ぎ労働者のうち、かなりの数が中国人ではなく朝鮮人であることに気づかなかった。中国と朝鮮の境界線は、曖昧だったり、移動したり、という状態が何世紀もつづいたが、近代の朝鮮人の北東中国への越境は一九世紀に始まり、戦争、政治的混乱、膨張する日本の存在などが朝鮮の地方社会を不安定にするにつれて、しだいに増加していった。一九一〇年にはすでに二〇万人以上の朝鮮人が満州に居住した。はるか北方であるハルビンや呼蘭周辺の平原に定住する者もではじめ、二〇世紀半ばにはその数が二〇〇万に達した。二一世紀の現在、朝鮮族は中国北東部の主要少数民族のひとつとなっている。そのコミュニティは、商売のため、あるいは飢えや政治的弾圧から逃れて国境を越えてくる北朝鮮の人たちに隠れ場所を提供することもある。

ケンプの目撃した移動する人の大河がふたたびこの地域を流れはじめている。比較的孤立していた毛沢東時代が過ぎて、中国北東部は動きだした。その流れは中国全土に広がり、国境をも越える人的結びつきのネットワークを創りつつある。最近では、毎年一億人以上の中国人が都市部と地方のあいだを往来する。国際的にも中国は国境を越える移住者の最大の供給源のひとつだ。この絶え間ない、多方向への移動は、社会的混乱をともない、ときには摩擦も生むが、国や地域をこれまでにないかたちでひとつに織りあげることもする。わたしたちの旅の行く先ざきでは、親戚が広東《カントン》に住む、内モンゴルに、大阪に、ソウルにいる、という人たちに出会った。

▼一九一〇年、長春

エミリー・ケンプとその同行者ミス・マクドゥーガルがやって来た一九一〇年、長春《チャンチュン》はまだうらぶれた田舎町で、新王国の首都として束の間の変身をとげることになるとは想像だにできなかった。しかし、満州国を創出し、そして崩壊させることになる力はすでに形をとりはじめていた。ケンプが予測したように、日本による朝鮮併合によって「満州への大街道」が拓かれたからである。

ケンプとマクドゥーガルは（サンディとエマとわたしのように）ハルビンから汽車で南下した。しかし一九一〇年当時、その鉄道は長春で国籍が変わった。「南に向かって走る鉄道の最初の部分はまだロシアの手中にあり、沿線に配備されている警備兵の数の多さに絶えず気づかされる」。長春から先は日本の鉄道となった。この部分は狭軌だったので、ケンプもほかの乗客も長春で乗り換えなければならなかった。

長春には「駅の正面に真新しい日本のホテルがあって、ぴかぴかに綺麗で、清潔で、ハルビンにあったロシアのホテルとは大違い」とケンプは書いている。長春から奉天（現在の瀋《シエン》陽《ヤン》）までの鉄道も「すばらしく清潔に保たれて」いたが、客車がヨーロッパのようなコンパートメント式ではなく「長い通路の両側に客席が並ぶ開放式」だったことにケンプはがっかりした。鉄道の日本部分では「列車にはつねに軍の当局者が乗っているが、乗務はたいていごく短区間で、ひんぱんに交代していた」。

こうしてロシア区間でも日本区間でも大量の兵力が配備されていたことを知ると、いまさらながら、二〇世紀前半の鉄道が帝国の動脈だったこと、鉄道が走る土地の生死を左右する力が鉄道を支配する者の手中にあったことを思わずにはいられない。満州平原を縦断する列車は東アジアの一大人口密集地とシベリア鉄道とを繋いでいた。その意味で満州の鉄道はとくに重要だった。

一九〇五年にロシアに勝利したことで、日本は満州を抜ける鉄道のうち、長春までの南半分の支配権を手に入れた。ケンプの訪れる三年ほど前に設立された南満州鉄道株式会社は日本の国策会社であって、この会社自体が急速に帝国化していった。この〝満鉄〟の企業としての野望は、三世紀前のイギリスやオランダの東インド会社のそれに匹敵するもので、世界史のなかでももっとも型破りな野心的事業のひとつだった。運輸事業のほかに、広大な土地を所有し、都市のなかのある地区の行政全体に携わり、独自の警察機能と巨大な諜報網をもち、一九三二年以降は満州国統治に中心的な役割を果たした。長年満鉄に勤めた伊藤武雄が書いたように、「日本帝国主義は中国の一部である満洲へ進出するのに、このような鉄道会社の形をとっておこなうことにしたのです」。

ハルビンから長春へ、さらに瀋陽へとわたしたちを高速で運ぶ列車は、今も同じ路線を行き、ケンプが描写した風景とおおむね変わりないだろうと思われる風景のなかを走る。果てしなく広がる視界に、ケンプの故郷ランカシャーにあってもなんの違和感もないだろう赤煉瓦造りの家屋がぽつんぽつんと見える。

ミシェル・フーコーによれば、鉄道とは「驚くべき関係性の集成」である。人をある場所から別の場所に運ぶ。通過する町や田舎を変容させる。さらには、数時間の社会の縮図を——窓のむこうに移りゆく風景のなかを共に疾走する人たちが仕方なくつくる共同体を——創りだす。

まったいらな地平のかなたに夕陽が沈みかけ、あたりが夕暮れの深い赤に染まるなか、列車は走る。家々の煙突から煙がたちのぼり、穏やかな大気に広がり、果てしなくつづく畑の上に薄い靄の層をつくっていく。瀋陽に近づくころには闇《やみ》のとばりが降りかけていたが、それでも、ディケンズの物語にあるような街外れのスラムがかろうじて見分けられる。瀋陽北駅に近づけば、眼前にぎらぎら輝く都会が聳《そび》えたつ。極彩色のネオンで飾りたてられたポストモダン建築の林立。公式には七〇〇万の人口を(さらにはそれ以外にも多くの非公式な住人たちを)かかえる二一世紀の瀋陽は、(E・G・ケンプを生みだした)一九世紀におけるランカシャーの都市と相似形をなしている。

ケンプがこの地を旅した二〇年後、中国の辺境地帯を専門に研究した偉大なアメリカ人学者、オーウェン・ラティモアは、満州を「世界の嵐の中心」と評した。それは中国、ロシア、そして日本という三つの帝国が衝突する場であり、歴史のリズムの中核、中国の何百年、何千年もの過去にくり返されてきた潮の満ち干きの中心だった。

中国の歴代王朝は、衰退期に入るとかならず、東北部辺境で満州や蒙古の戦闘的な騎馬民族の攻撃にさらされた。しかし東北からの侵略者は、南の土地を焼きはらい、破壊し、打ち倒したあと、結局は、そんなふうに武力で屈服させた人びとに文化的に屈服させられるのがつねだった。外来の波が順次中国文化のしるしを身につけ、「征服者たる異邦人としての性格をしだいに失い、基本的に中国の支配階級になっていった」(Owen Lattimore)。一〇世紀から一二世紀初めまでの遼、一二世紀から一三世紀にかけての女真人の金、蒙古の元(一二七一―一三六八）と、いつも同じパターンだった。こうした周期的な波の最後となった満州の清王朝の盛衰は、一七世紀初頭に現在の瀋陽周辺の平原でおきた大変動をもって始まり、シュールリアルな〝新たな都〟新京として一九四五年に奇妙な哀感とともに終焉《しゅうえん》をむかえた。

▼一九一〇年、遼陽

動乱のなかにいる今日の北東アジアでは、過去と現在が思いもかけない奇妙なかたちで絡みあう。不朽ともみえた記念碑が跡形もなく消えることもあれば、甚大なる人類の悲劇が忘却の彼方に去ることもある。その一方で、忘れられていた過去が現在に再び姿を現わして、隅々まで浸みこみ、変容させてしまうこともある。

エミリー・ケンプは遼陽《リャオヤン》を、「満州の都市のなかでもっとも美しい。城壁の内側に梅、桜桃、杏《あんず》、梨などの果樹園があって、壁のくすんだ色を背景に輝くようにきれいだ」と描写した。そして、その城壁のすぐ外側に立って、「かつて朝鮮の使節が朝貢の品を運んで通った」重厚な城門をスケッチした。石を積みあげた門は高だかとアーチをなして、その下を行く人影をいかにも小さく見せていた。城壁は当時すでに三〇〇年以上経っていたが、「その石は全体として、いま積まれたばかりのように新しく見える」とケンプは書いている。荒廃の唯一のしるしは日露戦争中の爆撃による破損の痕だった。ケンプがここを訪れるほんの六年前、遼陽はとくに熾烈を極めた日露戦争激戦地だったからだ。この戦闘によって遼陽一帯で日ロの兵士が一万人近く死んだ。地元民の死者数については記録がない。

朝鮮の首都から、鴨緑江を渡って、遼陽の朝鮮門を抜けて、北京へとつづく朝貢ルートは、明朝・清朝の北東アジアに複雑にはりめぐらされていた朝貢、貿易、巡礼のルートの網目のなかの一本の糸にすぎなかった。朝貢の道と巡礼の道が交差するところもいくつかあって、遼陽もそうした交差点のひとつである。ここでは、朝鮮からの朝貢の道が、巡礼者が山々に向かってたどった道と交差している。

エミリー・ケンプは遼陽にすっかり魅せられて、朝鮮を旅して回った後、帰途にもう一度ここを訪ねている。そしてその二度目の滞在中に平原を渡って千山《チエンシヤン》に登った。

瀋陽でわたしたちは清朝《しんちよう》の祖、ヌルハチとホンタイジの故宮を訪ねる。季節は夏にさしかかっていて、何千本というポプラの木から舞いあがる白い綿毛が市中に漂い、歩道にも、池の水面にも、雪のように降りしきる。

ケンプによれば、日露戦争中ここに駐留していたロシア軍は、まさにこの瀋陽の中心部で、一九〇〇年の義和団の乱でキリスト教宣教師たちが虐殺された事件に西太后《せいたいごう》が関与していたことを証明する文書を発見したのだった。

中国では義和団運動と呼ばれるこの運動は、一九世紀末から二〇世紀初頭にかけての新千年紀に北東アジア一帯に吹き荒れた一連の民族主義反乱のひとつだった。その根底には、清朝の衰退と外国による侵略と搾取がもたらした社会の分裂が、地域によっては飢饉や近隣の村同士の紛争といった地域的要因と相俟《あいま》っていっそう激化したことがあった。外国人宣教師が税の特別優遇措置を求めていることを知って、地元民のキリスト教への憤懣《ふんまん》がさらに嵩《こう》じた。当時西欧で書かれたものの多くは、「義和団員」を理性の欠如した狂信者として描き、中国に文明と啓蒙をもたらすキリスト教宣教師を原始的な妄信に駆られて襲撃した、と断じた。

反乱とその余波によってすさまじい破壊と混乱と苦痛がもたらされ、その犠牲になったのはもちろん中国人がいちばん多かったのだが、外国人宣教師も一八〇人以上殺された。そのなかでも犠牲になった最大の集団は山西省太原《タイユワン》の周辺にいた宣教師たちだった。山西省では省長官が、襲撃から守る、と言質を与えて外国宣教団に所属していた四四人に投降を促した。そのうえで、拘束されたこの人たちを撲殺し、首をはねて、さらにその首を城壁につり下げてほかの者たちへの見せしめとした。その一方、北京では駐在の諸外国公使館が義和団によって籠城を余儀なくされ、それに対抗して（日本を含む）列強各国が中国に軍勢を送り、西太后は首都から逃亡した。西欧列強はこの出来事をうまく利用して、中国から懲罰として賠償金をとりたて、中国国土における治外法権を要求した。

▼国境の町、丹東に立って

丹東《タントン》に到着したときのことをエミリー・ケンプは、「残念なことに、橋というものがまったくない。恒久的な路線にするには橋の建設が必要で、日本はこの路線を貫通させようと必死なのだが、ここ二年以内に橋ができるとは期待できない」と記している。ケンプとマクドゥーガルは、朝鮮に入るにあたって、「惨めなくらい小さくて混みあった曳き舟で鴨緑江を渡らなくてはならなかった」。ふたりがここを通った時季にはまだ水面に危険な氷が漂っていたのに、その舟は氷塊のあいだをぬって航路をたどる任務には「悲しいほど不釣り合い」で小さかった。

しかしケンプは鉄道建設にかける日本の決意のほどを過小評価していた。じっさいには一九一一年、ふたりがここを通った翌年に、鴨緑江に架かる橋が開通した。これによって、朝鮮南端の釜山《プサン》からフランスの港町カレーまで途切れなく続く鉄路の最後のリンクが完成したのである。現在この橋は「断橋」の名で知られている。朝鮮戦争のさなかに米軍の空爆によって木っ端みじんに破壊され、残ったのは半分だけ。それが中国側から河にせりだして、流れの真ん中で突如断たれている。おかげで丹東を訪れる観光客にとっては、北朝鮮を眺める素晴らしい展望台ができた。

インターネットで予約しておいたホテルは、着いてみると鴨緑江のほとりで、正面が断橋、という立地だった。今では断橋と並んで「友誼橋」が架かっていて、中国と北朝鮮とのあいだの主要な繋ぎ目となっている。わたしたちの部屋はさながら中国側税関を見物するかぶりつき席のよう。ガラス張りの小さなブースのなかで係官が橋を往来する車輛《しゃりょう》の国境審査にあたっているのだが、見るかぎりでは、通り一遍の検査という感じ。降りしきる雨をとおして鴨緑江のむこう岸に北朝鮮の国境の町、新義州《シニジュ》がはっきり見える。トラックが途切れなく——五分から一

鴨緑江に架かる「断橋」と「友誼橋」
(サンディ画)

〇分に一台、といったところだろうか——ふたつの国を結ぶ橋をガタゴトと渡っていく。

瀋陽から丹東まではおおよそ四時間の汽車の旅だったが、エミリー・ケンプの時代には一晩の停車を含めて二日を要した。客車は日本兵でいっぱいで、彼らには米飯や野菜、「揚げ物、魚、その他の美味《おい》しそうなもの」を段々に詰めた弁当が出た、とある。（当時は安東とよばれていた）丹東近くの鴨緑江は日露戦争で日本の勝利を確定することになった激戦の地で、町は日本人区と中国人区に分割されて、日本人町は「中国人町からかなり離れた所に位置して」いた。

その戦争前の町の地図を調べてみると、わたしたちのホテルが旧日本人町の真ん中、かつては日本人の経営する製材所が立ち並んでいた地域にあることがわかる。日本による植民地支配の跡はすっかり消えているが、丹東は当時も今も基本的に国境の町。こういう場所に引き寄せられるように集まってくるタイプ、漂泊の影と胡散臭《うさんくさ》さが奇妙にいりまじった人たちであふれている。二〇世紀初頭にも、河端の旅館で客の相手をした日本からの出稼ぎ芸者から、沿岸一帯で荒っぽくて政治的にもきわどい商売をくりひろげた起業家——ケンプの時代の感覚では起業家だった——まで、それこそさまざまな人たちがいた。そうした起業家のなかに、スイス系ロシア人のジュール・ブリンナーもいた。アメリカの映画スター、ユル・ブリンナーの祖父である。

現在の丹東の人口構成もその多様性の妙味において往時にひけをとらない。わたしたちのホテルから道路をへだてたむかいに北朝鮮の経営するレストランがある。ここのウェイトレスたちはそろって美貌で、この特殊な外国勤務のために政府によって選抜され、特別な訓練を受けている。似たような朝鮮民主主義人民共和国直営レストランは瀋陽にも、遠くバンコクにもある。パステルカラーのチマチョゴリを身につけて働く若き女たちは、その娯楽音楽の演奏技能と身体的魅力とを基準に選ばれるが、それに加えておそらくは政治的信頼度も重要な条件になっているだろう。ウェイトレスたちは客をあたたかく迎え、優しくもてなす。その声には北朝鮮の女たちに特有の歌うような響きがはっきり聞きとれる。ほぼ空席のレストランでわたしたちが焼肉とキムチで遅い昼食をとっていると、カーテンで仕切られた小部屋から、がっちりした体格を青いスーツに包んだ中年男の一団が出てくる。奥で飲食していたのだろう。襟のバッジからも、買い物三昧ツアーにやってきた北朝鮮政府関係者とみえる。

「その類《たぐい》の北朝鮮幹部はしょっちゅう来ますよ」と、あとで乗った丹東のタクシー運転手が苦々しげに言う。「あの連中はたっぷり金を持っていて、最上級のホテルに泊まるけど、お高

丹東にて。朝鮮戦争記念碑越しに見える北朝鮮

くとまっていて愛想もなにもない」。けれども、北朝鮮の役人のほうも中国人についてはなかなか複雑な見解をもっていることを、わたしたちは知ることになる。

　昼食を終えるころには雨はあがっているが、まだ河から肌を刺すような風が吹いてくる。その濁った流れのほとりに男たちが座りこんで、釣りをしたり、ぼんやりと対岸を眺めていたり……。屋台店も出ている。中国人女性観光客にチマチョゴリを着せて、北朝鮮の遠景をバックに写真を撮る、というなかなかのアイデア。でもきょうはその商才に応《こた》える客もほとんどなく、色とりどりの薄物の襞《ひだ》が萎《しお》れた花のように風にひらひらしている。皺だらけの顔の小柄な老人が、朝鮮戦争の勲章をひけらかすように並べたてた軍服を着こんで、友誼橋のたもとに立って……物乞いをしている。町を見下ろす丘の上の立派な記念博物館には、朝鮮戦争時のアメリカ軍による北朝鮮および（丹東を含む）中国国境地帯の爆撃がいかなる破壊をもたらしたか、についての展示――突然わたしは、自分の西洋人然とした外見を、それに、わたしの存在そのものが体現する未解決の歴史的重荷を、ことさら強く意識する。

河沿いの遊歩道をぶらぶら歩いていると、愛想のいい夫婦連れがわたしたちに挨拶する。韓国人だそうだ。瀋陽に暮らして北朝鮮との貿易にたずさわっているのだが、国境のむこうに行くことは許可されないので、貿易は丹東経由でおこなわれている。

「なんとも悲しいことですが」と夫が言う。「韓国の若者はもう統一なんかどうでもよくなっている。朝鮮戦争のことだって耳にしたことさえほとんどない。欲しいのは最新の機器だけ。わたしの貿易事業がすこしでも統一に貢献するものであることを願っています。なんといっても、分断を決めたのはわたしたち朝鮮民族ではありません。日本と、アメリカ人やらそのほかみんなが、わたしたちに分断を押しつけたのです」

▼旅行者と密売人

丹東の友誼橋は孤立国家北朝鮮と外界とを結ぶ主要なライフラインだが、ホテルの自室という絶好の位置から眺めたり、鴨緑江を上下する遊覧船に乗ったりしていると、この河の上での、あるいはこの河をよこぎっての動きは、なにも橋という公式な経路に限られているわけではないことがよくわかる。

この河は生命の躍動に満ち満ちている。中国の税関吏の親族とおぼしき家族連れが休日を利用して国境警備艇で行楽を楽しんでいるし、北朝鮮側からは小さな木舟が釣りをしに乗りだしてくる。上空を雁《がん》の群が静かにわたり、空中を流れる〝砂州〟にぶつかって二手に分かれ、それからまたひとつになる。視線をさらに遠くにやれば、水面に浮かぶ二艘《にそう》のおんぼろ大型船の甲板に洗濯物が干してある。

水上遊覧を終えて、タクシーに乗りこんで、暗い丘の斜面を薄桃色の花でおおっている梨農園を抜けて丹東に戻る道すがら、運転手が突然切りだす——「本物の北朝鮮兵に会いたいですか?」。

「もちろん」と答えながらも、心には驚きと期待と疑念とがないまぜになっている。

運転手は急にハンドルを切って幹線道路をそれると、ぬかるんだ脇道に入る。そこにふたりの若い男が待っている。中国と朝鮮を分ける流れがとても狭くなって、太めの小川くらいになっている地点まで、このふたりが(手数料をとって)案内してくれる。畑のあいだの細い道を歩きながらの説明によれば、観光客は国境線上にある小屋に住んでいる女から食べ物を買えるという。

「その食べ物を持って河まで行って立っていれば、小屋の女が出てきて〝チング、チング（友人よ、友人よ）〟と呼ぶ。いつも必ずってわけではないが、運がよければ、むこう岸に北朝鮮兵が出てきて食べ物をうけとる。訊《き》きたければ質問もできる」

まるで動物園の動物に餌《えさ》を与えるみたいなことになってきて、なんとも落ち着かない。しかし、流れが狭くなっている地点まで来ると、たしかに小さな農家があって、伸び放題の果樹の根元を鶏がほじくっているのだけれど、くだんの女も北朝鮮兵も影も形もなくてほっと安堵《あんど》する。見えるものといったら、人っ子ひとりいない北朝鮮側の広い耕作地と、国境線をまたいでいる沼のような水面を澄まして滑っていく白鳥の群だけ。若者はふたりとも二〇歳で、商売のためにしょっちゅう国境線を越えるのだという。

「むこうの連中はこっちに渡ってくる勇気はないけど、こっちは行ける。商売相手は兵隊だけだ。ありとあらゆる種類の食い物を持っていって連中に売る」

「あなたたち、朝鮮語は話せるの？」

「カタコトだけ。それで用は足りる」

この躍進的〝自由事業〟から上がる儲《もう》けは貯金して、いつかバイクを買うんだ、とふたり。

大岩と、水におおいかぶさるように茂る植物とのあいだで、茶色い水が漣《さざなみ》をたてている。それを見ながら、韓国や日本で会った北朝鮮から脱出した人たちのことを想う。そして、あの人たちの話してくれたことを思いだす——うっかり踏みだしたひと足のために氷のように冷たい深みにはまるのではないか、国境警備隊のサーチライトと銃に暗闇の中から発見されはしないか、と恐怖におののきながら夜の河を渡って未知の土地に入っていった、という体験談を。でも、脱北者が丹東近くで河を渡ることはめったにない。もっと内陸の、河幅がもっと狭く、住む人も少ない場所を選ぶことが多い。

丹東にはあちこちに〝越境〟がある。わたしたちの泊まっているホテルで結婚式の準備が進められているのだが、それが典型的な中国式結婚式で、新郎新婦の巨大なポートレート写真がロビーに掲げられていて関係者でなくてもとっくりと拝見できる。結婚式当日の朝、ホテルの従業員が正面玄関の飾りつけに忙しい。空気でふくらました赤いビニールのアーチを、おなじく空気でふくらました二頭の金色の象の背に据えつける。表玄関の外に爆竹の発射台をずらっと並べる。銃口は鴨緑江に向けられていて、まるで北朝鮮との戦闘に最初の一発を撃ちこもうと構えているみたいだ。でもじっさいは、屋根の上にピンクや紫の風船を泳がせた黒塗りリムジンの車列が到着したら、金色の紙吹雪を降らせようと構えているだけ。

この遠慮のない派手さはまさに中国式。ところが花嫁が日本人であることが判明する。花婿の家族が丹東の出なのだが、本人は長年日本に住んでいる。じつは中国人と日本人の結婚式は、満州の旅のあいだにこれで二度も遭遇したことになる。それがたんなる偶然なのか、それとも、わたしが目撃しているのは大きな趨勢《すうせい》のひとコマにすぎないのか……。

一九七〇年代と八〇年代に一三人の日本人を拉致《らち》した、と北朝鮮政府が認めた二〇〇二年以降、日本のメディアには朝鮮民主主義人民共和国の禍々《まがまが》しいイメージがあふれている。核兵器開発の企てに制裁を加えることに熱心だし、日本中のどこの空港にも北朝鮮訪問を〝自粛〟するよう国民に促す標示がある。こうした恐怖と嫌悪感を考えれば、中国と北朝鮮の国境で執り行われる結婚式を祝うためにホテルに到着した人たちが中国語と日本語で陽気に騒ぐ声を耳にするのは驚きであり、なにやら感動的だ。わたしは心のなかで新婚カップルの幸せを祈る。そして、このふたりが長年問題を抱えてきたこの地域での新しい国際的結びつきのさきがけでありますように、と願う。

▼国境管理

朝鮮民主主義人民共和国の旅行代理店のシンさんとようやく連絡がついた。きょうホテルに来て、わたしたちの査証の問題をすべて片づける、という約束だ。それをひたすら待っていたこの何日間にわたしのなかでは、テカテカ光る生地の背広上下に身を固め、襟に党員バッジを着けた、こわもての役人のイメージが勝手にふくらんでいたので、カジュアルな服装で、くしゃくしゃの髪と人懐こい笑顔の青年を見て驚く。シンさんは中国語は流暢《りゅうちょう》に話すが、英語は単語がいくつか、という程度。朝鮮民主主義人民共和国で楽しい旅を、と挨拶すると、わたしたちの心配をよそにパスポートを持って去ってしまう。明日、つまり平壌《ピョンヤン》への出発当日に、「ぼくの中国人の同僚であるチャンさん」から返却されるから、と言い残して。

翌日、朝一番に、革ジャン姿の威勢のいいチャンさん――「ジャッキーって呼んでくださ い」――がやってくる。平壌行きの汽車の切符といっしょに大事なパスポートがちゃんと戻ってきて、わたしたちはおおいに安堵する。そこにはまだ北朝鮮の査証はないのだが、それは車中で交付されるとジャッキー・チャンがうけあう。エマ・キャンベルはきょう空路ソウルに戻って、韓国の若者のナショナリズム観についての研究を続ける。サンディとわたしは陸路平壌に向かう。しばしの別れの挨拶をかわすと、エマは瀋陽行きの汽車に遅れまいと慌てて出発する。サンディとわたしはチャンさんに導かれて、丹東駅での出国手続きに向かう。

新装なったばかりの丹東駅舎は広大で、ガラスと磨きあげられた大理石でピカピカ。〝国際便到着および出発〟の専用スペースが設けられている。これは明らかに、三八度線が開放された暁には丹東の鴨緑江橋が再び大陸横断の大鉄道路線（いわゆる〝鉄のシルクロード〟）の通り道になると予想してのことだろう。しかし今はまだ国際線の乗客はパラパラ程度。白衣の医療スタッフに、武器を隠していないかX線装置で、悪いウィルスを潜ませていないかサーモスキャンで、それぞれ検査された後は、豪勢で空っぽな待合室の合成皮革のソファで乗車時間までくつろぐことになる。

ジャッキー・チャンは、ふだんは中国人客を案内して、日帰りあるいは二泊三日の北朝鮮観光バスツアーの仕事をしているそうだ。比較的安く行けるし、毛沢東時代を記憶している中国人は朝鮮民主主義人民共和国を見ることで喚起される郷愁からほろ苦い喜びを感じるらしい。わたしたちに北朝鮮は危ないと警告する人たちがいる一方で、隣国北朝鮮についてずっと寛容で達観した思いを披瀝《ひれき》する中国人もいる。丹東で乗ったタクシーの運転手が言っていたように、「あの国はじつに貧しい。でも、変わるさ、きっと。なんたって、ほんのちょっと前、我が国もあんなだった」。

　わたしたちの乗る列車は（客車がオリーブグリーンと紺色に塗り分けられていて、子どものころに乗ったヨーロッパの長距離列車にそっくり）すでにプラットホームに入っているのだけれど、乗車を許されるまで長々と待たされる。国境を越えたら携帯電話は預けなくてはならないから、乗客は最後の通話に忙しい。パスポートもまた、今度は列車に乗務する検査官に渡さなくてはならないが、河を渡って最初の停車地である新義州で、きちんと査証を付けて返してくれることになっている。ついに乗車許可がでて、わたしたちはバックパックや鞄《かばん》を手に立ちあがる。見つけだしたコンパートメントには寝台が四つ。すでに北朝鮮の男性がふたり、長々と横になってぐっすり眠っている。

　こうして列車はギシギシと軋《きし》み、ギクシャクと躓《つまず》き、苛々《いらいら》するほどゆっくりと、駅を離れて鴨緑江橋に向かって進んでいく。

第二章　橋のむこう――新義州へ、そしてさらに先へ

▼異郷への扉

　すべてが後に残してきたものと奇妙な対比をなしていた。満州のつめたかった色合いがあたたかな赤土に代わり、その土から春の最初の兆しがのぞいていた。目に馴染《なじ》んでいた青い服は姿を消し、町でも田舎でもみんな白をまとっていた。視線を変えるたびに水田が目に入る。この地で栽培される主要な穀物が稲だから。ただひとつ変わらなかったのは、日本の鉄道と日本の役人の存在。満州とまったく同じように目につき、そして、明らかにどちらにもしっかり根をおろしているようだ。

一九一〇年に満州から朝鮮に入ったエミリー・ケンプは、新しい世界に入っていく感覚を鮮

明におぼえていた。中国は以前にも数度にわたってあちこちを旅していたが、朝鮮を見るのはこれが初めてだった。この旅はしかし最初からトラブルつづきだった。中国にいた友人たちは朝鮮のどこでも中国語が通じるとうけあったので、ケンプとマクドゥーガルはチャオという名の中国人ガイドを雇って同行させた。

たしかに、二〇世紀初期には朝鮮の知識階級は誰でも漢文を読めた。だが、旅するふたりはすぐに悟ったのだが、行きあう人のほとんどが知識階級には属していなかった。話し言葉としての朝鮮語と中国語がたがいに通じないことは、日本語と中国語が通じないのと同じで、気の毒なチャオ氏は、行く先ざきで学者や役人を探しだしては、紙切れや地べたに文字を書いて意思の疎通をはかることに時間の大半を費やさなくてはならなかった。

こうした不都合にもかかわらず、宣教師、英語を話す朝鮮人や日本人、さらには身ぶり手ぶりやチャオ氏の漢字などの助けを借りて、ケンプとマクドゥーガルはなんとかこの国のなかを移動し、山のような情報と印象を記録し、ときには地元の人たちと会話もした。言葉の壁を乗り越えて達成されたこの意見交換のおかげで、エミリー・ケンプは朝鮮について全体としてあたたかくて積極的なイメージをもつようになった。そして、「人びとは性来穏やかで勤勉で、賢明な統治のもとにあれば、この国は理想的な国になるはずだ」と書いた。

新義州《シニジュ》は鴨緑江《アムノックカン》をはさんで丹東《タントン》の対岸にあり、鉄道駅と港のある小さな町だった。それでも当時は、内陸の森林から伐り出された材木が盛んに鴨緑江を下ってきて、日本の企業がそれを加工する製材所を急ピッチで増設していた。通りは碁盤の目状に配され、もっぱら日本の役人と移住者が居住していた町の中心部には、桜町、大和町、朝日町……と、帝国の拡大につれて東アジア全域に散った植民地計画担当者たちがどこに行っても飽かずに貼《は》りつけたラベルだらけだった。

列車が新義州駅に近づいていく。友誼橋の上から見下ろすと、はるか下の河岸にいる小さな人影が鴨緑江の濁流に長々と延びた漁網を点検している。列車は新しい分岐線に入り、そこで国内線の急行列車と連結されているあいだ、わたしたちは木立の隙間から新義州の中心部を垣間見る。刈り込んだ柘植《つげ》の植込みや花盛りのライラックの茂みにかこまれた大きな方形の広場があって、ふわふわしたピンクのチマチョゴリ姿の女たちが、今は亡き、しかし永遠の主席である金日成《キムイルソン》の巨大なブロンズ像の前に集合している。

けれども、せっかくこうして鴨緑江の朝鮮側にたどりついたというのに、こんなふうに丹東で泊まっていたホテルが見えそうなくらい近い新義州駅で、こうして三時間も客車のなかに座って苛々している。別の車輛が連結されていて、さらに、永遠に続くかと思われるような税関とパスポートの検査がおこなわれている。同室のふたりの男性が目をさまして、食べ物やら飲み物が詰まっている巨大な鞄から干し魚やピーナッツをとりだして勧めてくれる。ケンプやマクドゥーガルと同じく、わたしたちもここで言葉の壁にぶつかる――わたしの朝鮮語の会話力はごく初歩的なレベルなので。ところが、片方の男性がフランス語をすこし話せることがわかる。この人はコンゴ出張から帰国の途にあるのだけれど、熱帯でかかったおなかの病気がどうやら治っていないようで、汽車に乗っているあいだほとんどずっと寝台で眠っている。この人がコンゴで何をしていたのかは謎のまま。

長い待ち時間のおかげで、サンディとわたしは駅に掲げられているふたつの大きな標語をたっぷりと時間をかけて読んで、しっかりと暗記できる。ひとつには「二一世紀の太陽、金正日《キムジヨンイル》将軍万歳」とある。もうひとつは〝一五〇日戦闘〟に全力で邁進《まいしん》しようと市民を鼓舞する標語。あとからわかったのだが、これは二〇〇九年四月に始まったばかりの運動で、全国から大勢の人を集めて農耕その他の肉体労働に従事させようという生産運動である。

わたしたちの客車のドアの前のプラットホームにとても若い兵士が気をつけの姿勢で立って、人の行き来を心配そうな顔で見つめている。すると突然、トヨタ・クラウンのピカピカの新車がプラットホームに乗り入れてきて、運転手が台車に山のように積んだ箱――うち数箱にはパ

新義州駅（サンディ画）

イナップルが詰まっている——を列車に積みこむ。パイナップルの所有者は、例の若い兵士からしきりと敬礼をうけながら、わたしたちの客車に乗りこむ。

それで思いだすのはあるエピソード。一九九〇年代半ばに北朝鮮を襲った恐ろしい大飢饉《だいききん》——北朝鮮では公式には〝苦難の行軍〟と呼ばれた——のときに援助物資を運んでこの国を訪れた人から聞いた話なのだが、その人が新義州駅で時間待ちをしているときにプラットホームにいたひとりの若い兵士と会話になったそうだ。

「どうして軍隊に入ったの？」その人が訊いた。

「生きていけるだけの食べ物を手に入れるためにはほかに方法がなかった……」

「わたしは食糧援助のために来たんですよ」

兵士は悲しげにその人の顔を見ると、訊《たず》ねた。「どうして手遅れになってから来たんですか？」

国内線の列車の連結が済むと、北朝鮮の乗客が駅のむこう端にある階段を雪崩《なだれ》のように下りてくる。青やくすんだ緑色の巨大な布包みを背負った人がたくさん——とくに女たち。この光景はその後どの駅でもくりかえし見ることになる。肥料が入っているように見える大袋を提げている人もいる。テレビジョンが入るくらいの大きな箱をもっている人、きちんと畳んだ段ボール箱の束を運んでいる人——おそらく途中のどこかで中身を出したのだろう。

コンパートメントのドアを開けてとうとう税関と出入国の係官が現われる。

「携帯電話は？　携帯電話を出しなさい」

携帯電話は持っていない、とわたしたちが断言すると、係官たちは今度はわたしたちの荷物をかきまわす。かなりいい加減な手つきだ。危険な禁制品はないと納得すると、別の係官が登場してパスポートを返してくれる。青い紙片が何枚かはさまっている。

とうとう北朝鮮の査証を手にした。

▼越境の車窓

わたしたちはほんとうに新しい世界に入ったのだ。ただ、一見したところ、それはエミリー・ケンプが描写した朝鮮とはかけ離れているようにみえる。ケンプが朝鮮に来たのは、社会主義のユートピアをめざす最初の試みを生んだロシア革命の七年前だった。ところがサンディとわたしは、二〇世紀の歴史に、良くも悪くもあれほどの変動をひきおこした、壮大ではあったが挫《くじ》けてしまった革命的社会実験のエキセントリックな最後の生き残りを目撃しているのだ。それでも、ついに列車がギシギシと軋みながら駅を離れ、新義州のすさんだ工業地帯を抜けて、平壌《ピョンヤン》へと南下しはじめたとき、ケンプの描写した赤土の畑地が線路の両側にひろがるのが見える。牛に曳かせた鋤が畝《うね》を耕し、苗床で寒さから守られ育てられてきた若草色の稲の苗が植えられている。

もしかしたらそれほど変わってはいないのかもしれない。

線路沿いでは家鴨《あひる》や鵞鳥《がちょう》の小さな群を追っている人もいるし、灌漑《かんがい》水路の堰《せき》を開けて田に水を張っている人も、ミレーの「種を撒《ま》く人」の農夫さながらに腕をさっと振って肥料を撒いている人もいる。トラクターはあまり見かけない。ほとんどの山の斜面もむきだしでごつごつしているか、小さな樹木がまばらな茂みをつくっているだけだが、花の咲いている木も見える。何年にもわたる絶望的なエネルギー不足によって裸にされた風景だ。あちらこちらにわずかな

新義州近くの集落（サンディ画）

がらかたまっている松の木の瑞々《みずみず》しい緑色に最近の植林の努力の跡が見える。水田に白鷺《しらさぎ》がたたずんでいる。大きな角の鹿が耕作地をよこぎって跳ねていく光景にはびっくり。

一九九〇年代の飢饉は過去のものとなり、昨年の作柄はよかったと報道されているが、畑にいる人たちは暗くストイックな顔をしている。ほとんどの人が小柄で痩《や》せていて、成人でも若い人たちは背が低い。明らかに何年も続いた栄養失調のせいだろう。おとなにまじって子どもたちも働いていて、田植えを手伝っている。畦道《あぜみち》で夢中で丸パンにかぶりついているやつれた顔の小さな男の子が見える。そのちょっと先では明るい黄色いカーディガン姿の女の人が列車に向かって陽気に手を振っている。そのそばでは男の人が大破した自転車をなんとか組み立てようと苦心している。車輪もハンドルも線路沿いの泥道にばらばらになって散らばっているのだけれど……。

太陽は輝き、水田を区切ってきらめく水路で女たちが洗濯をしている。植民地時代には、この洗濯が朝鮮にやってきた外国人のおおいなる注目の的だった。エミリー・ケンプもそのひとりで、自分より前にここを旅したヨーロッパ人の広めた否定的なイメージを打ち消そうと躍起になった。

「朝鮮人が不潔だという、よくもちだされる非難にわたしはとても驚いている。全体としてヨーロッパのどの国と比較しても遜色ないと思われるからだ。彼らは服を白くするために時間とエネルギーを惜しみなく使う。それも、考えうるもっとも原始的な道具しか持たないのに、である。水で濡らした服をたたみ、板にのせ、二本の平らな棒をすばやく動かして執拗《しつよう》に叩《たた》く」

洗濯物を棒で叩く習慣はほぼ消えたようだが、家のなかに水道が引かれていることの少ない北朝鮮の農村部では、女たちは今も洗濯物を川べりにもっていって石の上で力いっぱい擦《こす》るのだが、韓国でもすこし前までは同じことをしていた。一九七〇年代初めに最初に韓国に行ったとき、わたしは仁川《インチョン》の近くの小さな島（現在はソウル国際空港になっている）に滞在した。そこでは電力はガタガタのディーゼル発電機から日に二、三時間、数軒の建物に供給されるだけで、衣類はまだ川で洗濯しなくてはならなかった。わたしの哀れな苦闘ぶりを見た村の女たちの驚き呆れた表情を今もはっきり憶えている。最後には手をださざるをえなくなって、やり方を教えてくれたのだった。今日のハイテク韓国ではそんな光景は想像もできないが、四〇年近く前には南も北もほとんど同じくらい貧しかった。とめどなく広がる経済格差が政治的分断を押しすすめるようになったのは、二〇世紀最後の四半世紀のことだ。

*

列車が朝鮮半島北西部の平原を走っているころ、わたしたちは近くのコンパートメントにいるひとりの中国人に会う。大柄で、肩幅の広い、テカテカ光る丸顔をしたビジネスマン。どこから見ても、満州清王朝の宮殿を舞台にした歴史ドラマのセットから抜けだしてきたような人。もう四年間北朝鮮に駐在しているそうで、北朝鮮の同士たちがむこうを向いているすきに、わたしたちに向かって片目をつぶり、顔をしかめて、「平壌に四年ですよ！」と呻《うめ》く。朝鮮料理が嫌いで、自宅で中国料理を作って食べているそうだ。

コンパートメントに挟まれた通路で、この中傷を聞いていなかったような顔をしていた北朝鮮の人は、中国人ビジネスマンがビュッフェに行ってしまうと、中国で暮らした自分の経験について同じくらい忌憚《きたん》のないところを吐露する。スラックスとスタイリッシュなブランドもののポロシャツというカジュアルないでたちで、小さな党員バッジを襟の下にさりげなくつけたこの人は、外交官の家の出で、生涯の大半を外国で過ごし、見事な英語を話す。このところずっと北京駐在だが、一〇代の息子を叔母に預けて平壌の学校に通わせている。それで息子さんはいかが、と訊ねると、この人は目をむいて絶望的な表情になる。

「ああ、子どもってのは！　ご存知でしょう。日がな一日コンピューター・ゲームばかりだ！　どうすればいいのか、まったく見当もつかない。しかし、中国の学校にはやりたくないんです。中国の子どもは行儀もなにもできていませんからね。あれは育て方の問題だ。ひとりっ子政策のせいですよ。中国の親は子どもをとことん甘やかしてダメにする」

それに、中国の男女の関係も理解に苦しむ、と言う。「中国にはときどきすごく威張っている女がいる。男に料理までさせる女もいますよ」

このポロシャツ氏は経済交渉が仕事で、ヨーロッパのほぼ全域を旅したし、アジアも数カ国に行ったことがある。これはじつに難しい仕事だ。経済制裁や外の世界全般にある北朝鮮に対する不信のせいで、国際間の貿易や金融取引の基本である信用状を引き受ける国がほとんどないからだ。それでもこの人にとっては外国を見る機会は嬉《うれ》しい。

「マレーシアは大好きだが、シンガポールはどうも好きになれないな。なにしろ規制が多すぎる。ノー・スモーキング！　これはするな！　あれもするな！　ですからね……。だが日本には行ったことがありません。歴史問題がありすぎてね。あの国との関係はとにかくよくない」

窓の外では春の空に雲が垂れこめてくる。一五〇日戦闘を全面展開中の村の外に赤い旗がひるがえっている。鴨緑江の遊覧船からはちらっとしか見えなかったような村が、列車の窓からはずっと間近に見える。北朝鮮の村には心の深いところに響くなにかがある。ユートピア的平等主義の夢の残骸《ざんがい》が見える。灰色の瓦屋根《かわらやね》の白い平屋の家はどこも同じようで、村をかこむ白い塀の内に仲間どうしで身を寄せあっている。そのなかで目立つ建築物といったら、村の集会所と、赤い永遠の炎のレプリカを載せた背の高い白い石膏《せっこう》のオベリスクだけ。このオベリスクは〝永生塔〟と呼ばれて、金日成の没後三年目からあちこちに建設されるようになった。偉大な指導者の魂がいまも共にあることを改めて人びとにうけあって、安心させるために。金日成没後三年目は一九九七年、飢饉が最悪の事態に陥った年だった。じっさい、一九九七年の北朝鮮国民はかなりの安心を必要としていた。

男や女が重い足取りで耕作地のなかを動いて、長い畝に野菜を植えつけている。白菜の列の次には長葱《ながねぎ》の列、と交互に並んでいる。ポロシャツ氏もわたしもしばらく黙ったまま窓の外を流れていく光景を見つめる。

突然その人が抑えた声で言う。「じっさいのところ、この国で農業をするのは非常に厳しい。連中は機械を持ってませんからね。だから、農村の暮らしはじつに大変なんです」

このコメントに適切なことばを返そうと苦心して、結局わたしはなにも言えない。

エミリー・ケンプは、満州と朝鮮に向けて出発する前に、行く手には「大きな危険」が待っているとさんざん警告された。そうした恐ろしい危険として列挙されたのは、「虎、盗賊、紅胡子《フンフーズ》［ロシアと中国の国境地帯に出没する匪賊《ひぞく》］、それに、日本人のなかでも最下等のごろつき」などだった。とくに朝鮮の農村地区は「放浪する日本人のせいでとても物騒だ」といわれていたが、ケンプはその記述につづけて、「そういう人はまったく目にしなかったし、わたしたちの判断できた限り、どこもすばらしく秩序が保たれていた」と書いている。

オーストラリアを出る前、オーストラリアや日本にいる友人たちに北朝鮮旅行を計画していると告げると、その反応は、羨望《せんぼう》（「わたしもずっと行きたかった」）から、理解不能（「北朝鮮に？　いったいなぜ？」）、そして、あからさまな非難（「ただのプロパガンダ・ツアーになる。あの政権のテコ入れに手を貸すことになる。あそこのほんとうの生活がどんなものか、完全に誤った姿を見せられますよ」）まで、じつにさまざまだった。とくにこの最後のコメントは何度も聞かされて、わたしは旅の倫理について考えてしまった。楽しみのための旅、あるいは啓発を求めての巡礼の旅には、倫理的制限があるものだろうか？　もちろん、旅する人は――着替えの服や背に負う袋のように――それぞれの倫理観をたずさえて歩く。たしかに、してはいけないことはある。しかし、行ってはいけない場所や、話をしてはいけない人があるものだろうか？

朝鮮民主主義人民共和国は、国内でも、国境を越えるのでも、移動にとてつもなく厳しい規制と監視を布いている国である。丹東から平壌に向かう列車ではガイドはつかないが、外国人や北朝鮮エリートだけが利用する客車に閉じ込められて、地元の人たちとの接触はごく限られたものになる。平壌に着くや否やガイドに迎えられて、あとはこの国に滞在中、眠っている時間をのぞいてほとんど四六時中その人たちとともにいることになる。その目的は、北朝鮮が喉《のど》から手の出るほど欲しい外貨を稼ぎながら、同時に、外国人に望ましくない光景を見せないこと、この国の体制の長所を納得させることにあるのはいうまでもない。

しかしこのような国では、どんなに注意深くガイドしても隠しきれないことがある。偶然の出会い、列車や自動車の窓から、裏通りの奥に、ちらっと見える光景。きちんとしたスカートとブラウスの女の人が、自転車の後部荷台に大きな板ガラス（ここでは窓ガラスはまだ高価な贅沢品《ぜいたくひん》である）をのせて巧みにバランスをとりながら田舎のでこぼこ道を行く姿。幹線道路で鼻水をたらした小柄な兵士に停止させられ、証明書を見せろと命じられたときの運転手の意味深長な低い呟《つぶや》き。道端でふたりの中年女が広げている玉蜀黍《とうもろこし》の大袋を真剣な目でのぞきこんでいる女兵士。この兵士は疑わしい荷物を検査しているのか、それとも三人の女はちょっとした非公式な取引をしているところなのか……。

すでにこの国の外で得ていた情報と目の前でくりひろげられる光景を合わせると、全体の構図にあった空白部がぴたっと埋まることが時としてある。前に北朝鮮に親族のいる友人たちとの会話から得ていた情報の断片が、車窓のむこうに流れていく風景についてのわたしの想像をたくましくする。〝一五〇日戦闘〟とは、つまるところ、必要に迫られた不法な市場活動が、まるで舗装の割れ目から生えだしてくる雑草のように、計画経済の殻を破って無秩序に頭をもたげてくるこの国で、社会主義の規律を再び強化しようとする国家による努力の一環にすぎない。

わたしたちのようなよそ者の目が届かないどこか裏通りで、小さな出店の群が出現しては当局に閉店させられ、また姿を変えて現われる。商品を大っぴらには並べられないので、女たちは売り物――靴、飲料、中国から運ばれた電器など――を広告する紙を持って道端に座りこんでいる。警官が近づいてきても、紙ならその鋭い目から素早く隠すこともできる。世界でもっとも厳しい国家統制経済が必死で延命を図っているとき、現金があらゆること、すべてのことの鍵になっているのはなんとも皮肉だ。現金こそが（脱北者たちの話によると）医療をうける手づるであり、さらにはなにより大事な党員資格を得る道も均《なら》してくれる。

北朝鮮経済の矛盾がいつ爆発してもおかしくないレベルまでふくらんできていることはまぎれもない現実だ。政府はこの国の近代性を誇示したいと願いながら、近代性のもたらす消費主義を抑えつけることに躍起になっている。国の補助と朽ちはてた公共流通システムの残滓《ざんし》とのおかげで、いくつかの基本的な物資のコストはとても低く抑えられているが、そのほかの消費物資の価格は天井知らずの上昇を続け、現金収入のほとんどない一般の人たちの生活を困窮の極みまで落としている。一方で、政府は一連の禁止措置——合法的な青空市場で売られる物にたいする価格規制、四〇歳未満の女性による商売の禁止（この禁止がのちに五〇歳未満の全女性を対象とするようになる）——をくりだすことで闇市に蓋《ふた》をしたままでいようとしている。

列車がある地方町の駅に入りしなに五、六階建ての集合住宅群の脇を通る。ほとんどの建物がピンクか淡いグリーンに塗られている。各住戸にバルコニーがついていて、それが寒さ避けのビニールシートで覆われていることもある。どの建物の周囲も地面が念入りに耕され、野菜が植えられている。ある建物の外では牛の曳く荷車に積みあげた藁を下ろす作業中だ。サンディもわたしもこうした建物の内部は決して見られないが、わたしはそのなかでの日常生活についての話を聞いたことがあるので、通りすぎる建物にそうした物語の記憶を投影する。エレベーターはないので、住むには上の階より下の階のほうがずっといい。水道が壊れる（よくあること）とバケツに汲《く》んだ水を階段で運びあげたり、窓から綱で引っぱりあげたりしなければならないからだ。調理に使うのはおそらく薪《まき》か練炭コンロだから、アパートのなかは煙が充満するのだろう。

今回わたしたちが見ることのないこの国の北東地域は、北朝鮮でもっとも貧しく、かつ、もっとも厳しい立入り制限が布かれている地域である。それに、数多くある強制収容所のなかでももっとも悪名高き耀徳《ヨドク》のあるところ。公式には〝一五号管理所〟と呼ばれる耀徳は、よその政治犯処罰施設と同じく、ふつう〝強制収容所〟ということばで理解されるものとはかなり違う。村落や耕作地や鉱山などを含めたひとつの地域全体が通電した鉄条網で厳重に囲われている。こうした管理所に収容されている人たちは、自らの生命が脅かされていると感じる者が他者の生殺与奪について絶対的権力を付与されたときにふるう、あらゆる極限の暴力——拷問、公開処刑、性的・精神的虐待——にさらされる。いうまでもなく、わたしたちはどの管理所にもいささかでも近づくことは許されないだろう。

わたしたちはこうした場所が存在することを知っている。でも、ガイドたちがどこまで知っているのかは別の話。収容所から生還した人たちの証言によれば、北朝鮮のエリート層中堅どころの多くは収容所の存在を認識していないそうだ——自分や自分の肉親が収容所送りになる不運に見舞われるまでは。わたしたちはガイドが見せてくれる光景を眺めるときも、この知識を頭のなかにしまったまま、口にすることはないだろう。

こうしたことをすべて知りながら、この国にいていいのだろうか？

近代国家はすべて、観光事業を利用して世界に笑顔を見せる。エミリー・ケンプが朝鮮を訪ねたときも、日本による植民地統治の〝文明化活動〟の成果として〝半島の目覚ましい文化的発展〟を目撃させようと、日本政府がパンフレット、広告、写真、映画などを駆使した入念かつ効果的な宣伝によって外国人を帝国内旅行に誘おうとしているところだった。これに対応しておこなわれたのが、慎重に選抜した朝鮮人グループを対象に日本本土への旅を組織して、強力な隣国による統治の利点を納得させる、という事業だった。

植民地朝鮮を自らの目で見た西洋人のなかには、日本統治の長所を確信して帰った人もいた。そのひとりがイギリス陸軍将校ハーバート・オースティンで、エミリー・ケンプの二年前に朝鮮を訪ね、日本政府高官の案内で平壌とソウルを見てまわった。意外なことに平壌の刑務所二カ所にも案内された。ひとつは日本人を拘留する刑務所で、これをオースティンは「清潔で、換気がよく風通しもいい」と評した一方、朝鮮人用の刑務所については、「施設不足から罪人はおそらく一二から一四平方フィートほどの広さの監房に二五人から三〇人ほどずつ収容されていた」と描写している。後者については心を痛めたが、それでも、朝鮮における日本の急速な拡大について慎重ながら楽観的な見解をもって帰途についた。すなわち、「この国（朝鮮）全体が日本によってこの上なく厳しくかつ不当に扱われてきたことについては疑う余地はほとんどない」と書きながらも、結論として「朝鮮には自ら国を運営する能力はない」一方で、日本は植民地化を成功させるための技能を急速に身につけつつある。この技能をさらに磨けば、「朝鮮は〝ライジング・サン〟という王冠に燦然《さんぜん》と輝く宝石となる運命にある」と予言したのである。

しかし、植民地支配についてこれよりはるかに暗い側面を見てとった外国人旅行者もいた。ジャーナリストのフレデリック・A・マケンジーは、すでに一九〇八年には日本軍部の力の強まりに懸念をいだき、それが「朝鮮の統治をより厳しくし、満州への武力侵略を着実に進め、中国への干渉を増大させ、そしてついには巨大な紛争をもたらし、それがどう終わるのか誰にもわからない」だろうと予言し、警告した。一九一〇年の朝鮮併合以降、とくに一九一九年に植民地支配に抗議する朝鮮人の大規模な独立運動（三・一運動）があり、それに対して当局が多くの政治犯を裁判なしで拘禁し、拷問を加えるのを見て、マケンジーの批判はさらに執拗になった。エミリー・ケンプも朝鮮を旅しているあいだにここの植民地支配について複雑で批判的な見解をもつようになった。それでも、ケンプについても、そのほかの外国人についても、朝鮮に行くべきではない、あの国は住民の同意なしに植民地にされているのだから、あるいは、植民地統治当局が囚人に拷問を加えているのだから、と言った人がいたとは思えない。

一九七〇年代にわたしが初めて韓国に行ったとき、あの国は朴正熙《パクチョンヒ》の独裁政権下にあり、その政敵の多くは過酷な獄中で苦しみのなかにいた。一九七〇年代の韓国の政治犯収容所は現在の北朝鮮のそれほど大規模ではなかった（一九五〇年代、韓国の最初の独裁者李承晩《イスンマン》の時代にはもっと大規模だったのだが）。しかし今わたしが北朝鮮に感じている感情は、朴正熙の韓国を最初に訪れたときに抱いた感情とどこか似ている。政治体制の本質にたいする絶望感。そして、残された狭い隙間でなんとか生きている、それも人間性を失わずに生きている、ふつうの人たちへの深い敬意。

政治的信条のために人が拷問され、殺されている国の土を踏むべきか、踏むべきではないのか――この問にたいする絶対的な答はありえない。しかし、目を開いて、心も開いて、旅をすれば、それが専制政治をとりかこむ壁に亀裂を入れ、国際コミュニケーションを阻害して政治的変化を妨げる相互非人間化のサイクルを打ち破る一助となるかもしれない、とわたしは信じる。もしシャッターを閉じたら、もし一部の国をあらゆるコミュニケーションの届く域から外れた除け者として扱ったら、もし亀裂からむこうをのぞこうと試みることさえしなかったら、わたしたちはもっとも弾圧された社会さえ複雑さや矛盾に悩まされていることを知ることもないだろう。そうなるとわたしたちは、なんとも容易に、想像上の〝ならず者国家〟を心のなかに築き、ほんとうは深遠で複雑な問題なのに、嬉しくなるほど単純な――そしてほぼ確実に見当違いな――解決策を考えだすことになる。

▼迎え

列車が平壌郊外に入るころには日が暮れかかっている。ふたりのガイド、女性のリさんと男性のリュウさんが平壌駅のプラットホームでわたしたちを迎えてくれる。リさんは明るくきびきびしていて、仕立てのいいピンクのスーツにハイヒール姿。リュウ氏はもうちょっと年長で、リさんより物静かで、優しそうな、ちょっと悲しげな長い顔をして、髪に白いものが一筋。

駅はだだっ広く、もの音が反響し、照明は暗く、椅子も待合室もキオスクも売店もまったくなくて、まるで巨大な納屋のようなのだが、おびただしい数の人でぎっしり埋まっている。ほとんどの人が黒っぽい服を着て、大きな荷物に押しひしがれている。

わたしたちのホテルは駅から車ですぐのところにある。その広々したロビーの中央では、昇る赤い太陽を背にした金日成と金正日の写真があたりを威圧している。左手にフロントがあって、そのむこうにレストランと、びっくりするくらい大きな売店。食料品のほかに、チマチョゴリ、手工芸品、ミッキーマウスのついたバッグ（ミッキーマウスはこの国でとても人気がある）といったお定まりの品が並んでいる。広い階段を上ったところにはブックショップ。わたしたちの部屋からは広場が眺められて、そのむこうに見える抹茶アイスクリーム色の建物は新聞社の本部。建物のてっぺんに大きな赤い看板が掲げられている。

わたしの朝鮮語は今朝より少々上達しているから、この看板が即座に難なく読める――「二一世紀の太陽、金正日将軍万歳」。

第三章　時と沈黙

▼時刻表

エミリー・ケンプは紀行文のなかで時間より空間を優位においた。時系列を地理に合わせて組み替えた。最初に出版された *The Face of China* は別々のふたつの旅をひとつにまとめて書かれた本だ。宣教師だった姉のジェシーの暮らしていた太原《タイユワン》に滞在した一八九三年から九四年にかけての旅と、ジェシーとその家族が殺された数年後、一九〇七年から〇八年にかけての旅である。

このふたつの旅がひとつの本に混然としているために、今ケンプが描写している光景が一八九〇年代初めに見たものか、その一〇年余り後のことなのか、読んでいてよくわからなくなる。満州と朝鮮を巡った旅についても、千山《チエンシヤン》でのいくつかの出来事をじっさいに起きた順番よりも場所の論理を優先させて語っている——まるで数珠玉《じゅずだま》に糸を通してつなぐように。

エミリー・ケンプは産業革命の時代の申し子であり、時刻表を熱心に読み、旅行日程の必要に時間を合わせたり従わせたりしてスケジュールを練る人だったので、自分と異なるリズムで動く人たちの暮らしを驚きをもって見つめた。満州では「人びとは時間についておよそ漠然とした概念しかもっていなくて、駅で何時間でも平気で待っている」と言い、ソウルにいる日本の銀行員でさえケンプには信じがたいほどのろのろと仕事をして、「時間などまるっきりどうでもいいかのようだ」と書いた。また、自分流にてきぱきと物事を進めたがったせいで、金剛《クムガン》山《サン》ではもうすこしで大惨事に遭《あ》うところだった。ある友人が指摘したように、ケンプは「不屈の意志」の持ち主で、「たとえ警告されても、反対されても、しようと思ったことはした」(Helen Darbishire) 人だった。

ケンプの旅を再現しようと試みれば、時間について似たような抑制や順序立てが必要になる。ケンプが訪ねた場所は今も存在するが、そうした場所から場所への経路が完全に断ち切られている場合もある。たとえば元山《ウォンサン》から金剛山へ通じる道。ケンプとマクドゥーガルは釜山《プサン》から船で元山に行ったのだが、今は北側からしか入れないので、わたしたちはリさんとリュウ氏と運転手のキムさんといっしょに平壌《ピョンヤン》から遠回りしたのだった。しかしそのいきさつについては、平壌、ソウル、釜山を経由したケンプの道筋を追いながら、断ち切られたつながりをことばやイマジネーションによって一世紀前にあった風景に似たものに織りあげて、書くことになるだろう。

▼暦

冷戦の終わりを探求するこの巡礼の旅では、重なりあったたくさんの時間の層を通りぬけていることをわたしは意識している。エミリー・ケンプの世界の鼓動は高度近代化のそれだった。旧《ふる》きものが進歩によって絶えず駆逐され、新しいものが開かれている。ケンプとしても、風景を容赦なく突っ切って進む近代化の動きをいかに嘆こうとも、近代的な時間感覚を敵視して完全に抑えこむことはできなかった。行く先ざきで、過去の遺跡を時間が「くすませている」、「傷つけた」、「荒廃させた」といった表現で描写していても。

進歩の力と時間を制御しようとする衝動にたいする近代の信仰が、もっとも端的に、そしてアイロニカルに表現されているのが今日の北朝鮮である。金日成によってこの国の公式イデオロギーとして創られた〝主体思想〟は、マルクス・レーニン主義からの特異な逸脱形で、「人はあらゆるものの主人であり、すべてを決定する」と教える。これは、物質的進歩の力は未来永劫《えいごう》前進するという意味なのだが、それだけでなく、北朝鮮のような小さくて貧しい国は、もっぱら人間の決断力と意志の力だけで、あらかじめ定められた歴史の段階を一足飛びに跳び越して世界の先駆けとなれるはずだ、という意味でもある。革命的政治体制の例にもれず、北朝鮮にも独自の暦がある。金日成の生まれた一九一二年を元年とする〝主体暦〟。しかしこの暦は革命時に採用されたのではなく、一九九七年、北朝鮮が二〇世紀後半最悪の飢饉のひとつを経験しているさなかに遡及的《そきゅうてき》に採用されたのだった。そして結果的に、歴史を一足飛びに跳び越そうという試みは、この国を奇妙なタイム・ワープにすっぽりはめこんで、そこにそのまま取り残した。そこからの明確な、あるいは容易な、出口は見当たらない。

北東アジアの歴史は〝主体時間〟という岩をよけ、それをまわりこんで、流れていく。中国中心の北東アジアから、日本中心へのゆっくりした変化。そして今は再び中心が中国にシフトしている。現在の時点に立って過去一世紀を見渡すと、その時間的眺望に驚かされる。日本による朝鮮の植民地支配はじつに長きにわたってこの地域に歴史の影を落としているが、しかしそれは公式には三五年間しか続かなかった。人の半生くらいの長さでしかない。もっとも、この地域の事実上の日本支配はほとんどその二倍の期間続いた。そして、朝鮮半島の分断はすでに六〇年、ほとんど人の一生分の期間続いてきて、近々北朝鮮の崩壊は必至だという予測がこの二〇年間くりかえし言われてきたが、体制は執拗に延命をはかっている。今もその終焉は予測不可能だが、それでも、変化が目前に迫っていることを示す兆候はさまざまある。

そんななかで、わたしは日々危機感にとらわれている地域を旅している。北朝鮮政権は、サーベルをガチャガチャいわせて戦争の脅しをかけているかと思えば、次の瞬間には和解を提案する。閉鎖されている境界を挟んで北と南が往来の再開について熱心に交渉していると思えば、次の週には辛辣な批判と非難の応酬のなかで会談が決裂する。

主体思想塔

そして、こうした表面的な流れのはるか底では、はるかに古い時間がゆっくりした、ほとんどそれとわからないリズムを刻んでいる。創造、安定、衰退、消滅のサイクル――ひとつが三億二〇〇〇万年といわれるサイクル――をくりかえす、無限に続くマハーカルパ（大劫）のなかで、ひとりの人間の一生などごくごく微小な点にすぎない、と仏教巡礼者は考える。この考えでは——すくなくとも中国、朝鮮、日本で一般的とされる考えでは——巡礼の目的地は、それぞれ「金剛山をかこむ環」をもつ世界が無量寿仏である阿弥陀如来《あみだにょらい》の光にあふれるところ、「カルパの終わりであり、大洪水が幾万の物を水に沈め、果てなく広がる水以外は目に入るものとてない」ところなのだ。

▼沈黙

エミリー・ケンプの文章にひとつの断固とした沈黙があることは歴然としている。ケンプは、あの暴力の年の宣教師や中国人キリスト教徒の殺害に言及し、反乱によって破壊された瀋陽《シェンヤン》の主要病院の再建に力を貸した地元中国人と日本人の双方の努力を称賛している。しかし、ケンプの残したどの旅行記のどこにも、太原で殺害された宣教師のなかに自らの長姉ジェシーと、ジェシーの夫トマス・ピゴット、ふたりの一三歳の息子（エミリーの甥《おい》）ウェズリー・ピゴットが含まれていたことにはひとことも触れていない。中国への最初の旅でジェシーとその家族のもとに滞在したときの楽しい思い出については懐かしそうに書いているが、その人たちの死についてはすべての著作のなかでたった一度書いているだけ——もっとも私的な回顧録にたった一行、「一九〇〇年七月九日にみんな処刑された」と。

エミリーがとくに愛していた二番目の姉フロレンスの夫であるE・H・エドワーズは、義和団事件後まもなく、熱烈で強烈な一冊の本を著した。そしてそのなかで、宣教師たちの殺害を詳しく描写し、「悲しいことに〝天子の帝国〟と詐称する」（とエドワーズが呼ぶ）この国にこれまで以上に強く介入するよう帝国主義列強に求めている。

しかしエミリーの反応は違った。殺害については西太后と山西省長官を非難し、姉の死については口を閉ざし、中国への愛を変えなかった。虐殺の九年後に出した本 *The Face of China* のなかの一節には、現在と奇妙なくらい強く符合する響きがある。


最近の日本国の急速な発展を文明世界全体が驚きと称賛をもって見ていたが、今や中国帝国が似たような変化を遂げようと決意をかためた。中国が達成しなければならない任務はさらに困難であり、しかも、中国帝国の大きさを考えれば、世界全体にとってははるかに重要な意味をもつだろう。中国人は愛国心に強く動かされている。偉大な資質と心と頭を、さらには、必要な改革を遂行する断固たる決意を有している。過去の暗黒の時代に、中国人は芸術、科学、哲学の先駆者であった。したがって、楽観をもって、さらに高貴な未来が期待できるといえる。

中国への不変の愛について説明を求められたとしたら、エミリー・ケンプはキリスト教の赦しの徳をひきあいにだしたのではないか、とわたしは想像する。それでも、エミリーが深い真実の信仰をもっていたことは確かでも、それだけでその態度の説明にはならない。なぜなら、敬虔なキリスト者が赦しを与えるのではなく血の復讐に走った例や、ひとり、ふたりの個人の犯した罪のためにその人種や国全体を糾弾した例は歴史上におびただしくあるから。

ひとりの人としての人生が思いもよらぬ大きな政治的・歴史的な出来事に巻きこまれてしまって、その結果、私生活で凄《すさ》まじい悲劇に見舞われてしまう人がいるものだが、エミリー・ケンプもそうしたひとりだった。エミリーのどのような体験が、あるいは、人としてのどのような特質が、国際政治の反目から抜けだして、そのむこうにある人の顔に到達する方法を見つける手がかりとなったのか、わたしにはわからない。しかし、中国を旅するエミリーの姿が、聖なる山に向かって驚くべき旅に出るあの仏教巡礼者たちのそれと重なってみえることがある――行く手を阻む岩山をよじ登り、耐えがたい身体的苦痛を耐えて、はるか雲の上の、大気は薄く、光は明るく、心は澄みきったところに到達しようと、旅にでるあの人たちの姿と。

わたしは改めてケンプの自画像を手にとり、じっとこちらを見すえるまなざしを見つめかえしながら考える——はたしてこの寡黙と冷静さは、声にならない叫びの絶えることのない反響を必死に抑えつけているのか。それともこの人は、旅をするなかで想像を絶する苦しみを超越して、ある種の穏やかで人間的な了解の域に到達したのだろうか。

第四章　植民地〝平壌〟から現在の〝ピョンヤン〟へ

▼平壌の水運び人

　朝鮮は分断の半島だ。鉄条網と地雷と化け物のような近代戦争機器によって分断されているだけでなく、言語によっても分けられている。古くからあった北と南の地域方言が、イデオロギーによっていっそう鮮明にされた。一九四五年の分断以降に輸入された外来語（〝ヘリコプター〟〝ケーブルカー〟など）は三八度線をはさんで異なる訳語を当てられた。わたしたちにあてがわれた自動車の運転手キムさんは、わたしが「イロプスムニダ」と言うと、金歯をキラッとさせてにっこりする。これは韓国では「ほっといてくれ」という意味だが、北朝鮮では「構いませんよ」という丁寧な表現になるから。さらに、分断線をはさんで敵対するふたつの政府はそれぞれ別々のローマ字表記法を採用したので、北と南の両方の地名を挙げる必要のある本を英語で書く（わたしのような）人間にとって、それは永遠の頭痛の種となった。なかでもとくに面倒なのは、国そのものの名称の分裂だ。

冷戦時にドイツがふたつに分けられたとき、どちらの側も少なくとも自らを〝ドイッチュラント〟と称した。けれども朝鮮では、冷戦の分断線をはさんだふたつの政治体制は、歴史上使われたいくつかの名称のなかからそれぞれ別の名称を継承することを選んだ。北は、一四世紀以来ほぼ全史を通して使われた〝朝鮮〟をとって、朝鮮民主主義人民共和国となった。南は大韓民国となった。〝韓〟は朝鮮のもうひとつの古い呼称で、近代化を進めていた朝鮮王朝が一八九七年から一九一〇年のあいだ短期間だけ復活させていた。それでも、共通の名称の探求は、統一への道に散乱している幾多の障害物のひとつにすぎない。

名称にまつわる問題の影響は広範囲にわたる。韓国併合一〇〇周年に際して、日本と隣国の韓国とはどのようなかたちで協力すればいいのか、という議論が日本のメディアでしきりとなされた。しかしその議論は日本の記憶のなかの奇妙な影を、朝鮮半島の北半分への植民地主義的拡張の記憶を、ぼやかす影を、いっそう濃くすることにもなった。〝ならず者国家〟北朝鮮についてのニュース映像に必ずと言っていいほど現われる金日成広場での軍事パレードを見て、その広場がかつての〝平壌〟で日本人が経営していた電話交換所や朝鮮銀行のあったところだ、と思いだす日本人は、よしんばいるとしても、ごく少数だろう。そして、どうしたら朝鮮併合の記憶をもうひとつの隣国である北朝鮮とともに蘇らせることができるか、と考える日本のメディアも少ない。時の経過につれて、日本による朝鮮の植民地支配は韓国の植民地支配として記憶されることが多くなり、植民地としての北の歴史は不安な忘却へと追いやられている。

昼過ぎに平壌《ピョンヤン》に到着して、出迎えの朝鮮人宣教師が用意してくれた椅子駕籠《かご》に乗り込んだエミリー・ケンプとメアリー・マクドゥーガルの目に映ったのは「新しくて大きく立派な赤煉瓦の兵舎」と、平壌駅の周囲に急速にできあがりつつあった「日本人住宅街」だった。ふたりは椅子駕籠で運ばれ、その後ろを通訳のチャオ氏と出迎えの朝鮮人宣教師が漢字の筆談で沈黙の会話をしながら徒歩で行った。通りには見慣れない食品を売るおびただしい数の屋台店が並んでいた。「干し烏賊《いか》を何列も何列も吊るして、地元の人たちに美味しそうに見せている。ほかにもあらゆる種類の干し魚が紐《ひも》にじつに芸術的に吊るされていて、店を飾っているだけでなく、買い物客の便宜に供されてもいる」。ケンプはこうした小路のエキゾチックな猥雑《わいざつ》ぶりを大いに喜んだが、(ハルビンでもそうだったが)建築物として町の表面に現われている近代化の着実な広がりを嘆いた。平壌についても「もっとも醜く、もっとも強引なタイプのヨーロッパ風建築によってあらゆる場所の外観が損なわれているのを見るのは悲しい」と書いた。

北東アジアにおける西洋のプレゼンスにたいするエミリー・ケンプの矛盾する感情は、アジア大陸における日本のプレゼンスにたいする相反する感情に酷似している。ケンプは社会意識の高い産業革命先駆者の子であって、満州や朝鮮に外国からの侵入者たちがもちこんだ近代の医学、衛生、教育などを心底から歓迎していた。しかしその反面で、アジアのエキゾチックな風景、音、感覚に喜びを見出す旅人として、近代にとってかわられて消えていく伝統を惜しみ、嘆きもしたのだった。

平壌の町ですぐさまケンプの注意を引いたのは水運び人の存在だった。この町の用水は当時まだすべて河の水だった。朝鮮のほかの場所では水を運ぶ重労働はたいてい女の仕事だったが、平壌の水運び人はほとんどが男で、桶《おけ》に汲んだ貴重な荷を背に負って運んでいた。しかし一九一〇年には、すでに事実上平壌を支配していた日本当局が、町の中心を流れる大河大同江《テドンガン》の岸と流れの真ん中にある陵羅島《ルンラド》に給水施設を完成していた。この給水施設は平壌観光の目玉で、ここを訪ねたケンプは、いかにも残念そうに、「あのなんとも絵になる存在――水運び人――がもうじき思い出にすぎなくなってしまうだろう。しかしきれいな水が供給されることの利点によって、住民もその変化と折り合いをつけるだろうことは間違いない」と書いた。

植民地化はこの町を深いところで変え、給水施設もそのひとつにすぎなかった。その影響は今も平壌の中心部一帯に見られる。ケンプのほぼ二〇年前に平壌を訪れた宣教師ジェイムズ・ゲイルは、ここにまだ高い城壁に囲われた古い都市を見た。遠い昔、歴史が記録されはじめたころ、平壌を中心とする一帯では朝鮮王朝と中国王朝のあいだの交流が密におこなわれ、大同江を見下ろす緑豊かな牡丹峰《モランボン》の丘の上には風雨にさらされた遺跡があった。半分伝説上の中国の人、箕子《キジャ》の陵として、ほぼ一〇〇〇年にもわたって崇められていた遺跡だった。箕子は西暦紀元一〇〇〇年以上前に商王朝時代の中国から逃れて朝鮮に渡り、平壌から朝鮮北部地域を支配したといわれる。ゲイルが一八九〇年代初めにここを通った当時、箕子の子孫を名乗る貴族が町の南側の丘陵地に暮らしていた。その一方で、北側の丘陵地には仏教寺院の「要塞」があり、その「場の美しさと力強さは（朝鮮で）かつて仏教がいかなる力をもっていたかをしのばせ」た。

しかし一八九四年、平壌は災難に襲われる。鴨緑江《アムノックカン》めざして北行する日本軍と、その日本軍と対決しようと進軍する中国軍の両方のルート上に位置していたために、この町は一八九四年から九五年の日清戦争のなかでも熾烈《しれつ》を極めた戦場のひとつになるという不運に見舞われた

のである。その戦闘ののち平壌には（と*Korean Sketch*にゲイルは書いた）、

死骸が散乱し、かつて賑やかだった街路は静まりかえった。住民が散り散りになり、いずこへとも知れず去ったからである。ある朝鮮人は、妻と三人の子を連れて闘いのただなかで城壁をよじのぼって安全な場所に逃れた。この人はそれなりの資産家だったのだが、いうまでもなく、すべてを失った。三人の子どもたちが残されているだけでも有難い、とこの人は言った。黒い眼をした小さな少女はこの夜、生涯忘れえないだろうこと――村田銃のパンパンという発射音や、戦争に付随するそのほかの忌わしいことども――を聞き、見たのだった。

この戦争での勝利を契機に日本による朝鮮支配が強まっていき、破壊された平壌に近代の新しい構造が布かれる状況をつくった。エミリー・ケンプが駅周囲に出現しつつあるのを見た「日本人住宅街」は、日本による壮大な実験となった満州国〝新京〟の予行演習としての都市計画の一部だったのだ。広く真っすぐのびる大通り（停車場通り）が鉄道駅から大同江に向かって造られ、そこに商店やオフィス、倉庫などの並ぶ新しい町がアメリカの都市のように碁盤目状に計画され、六〇〇〇人ほどの日本人定住者の便に供された。そのすぐ脇にはおよそ三万

六〇〇〇人の朝鮮人住民の住む旧市街があった。

しかしこの新しい平壌には古い部分も慎重に保存されていた。植民地支配者の側からみれば、朝鮮の歴史に箕子の果たした役割はこの国の中国にたいする歴史的従属の証であり、したがって、文化的独創性の欠如を示すものだった。朝鮮独立の主張に対抗する新しい日本の植民地としての歴史において、箕子陵は主要な証拠物件となり、二〇世紀前半に平壌を訪れた外国人旅行者のほとんどが訪れる名所だった。エミリー・ケンプとメアリー・マクドゥーガルも牡丹峰の木立のなかの坂道を登って、鬱蒼《うっそう》とした松林につつまれた陵にたどりついた。それは「ぴったりと閉じられ、かんぬきが渡してあった」が、こんもりした土塁や守護の動物やお供の人の石像が垣間見えた。そして、たいていの観光客と同じく、きらきら輝く大河、そのむこうにひろがる平原や丘陵という、牡丹峰からの息をのむような眺望にうっとりと見とれた。しかし、ケンプが嘆いたように、箕子の時代にまでさかのぼるという伝説のある平壌の城壁は「現在取り壊し中」だった。ケンプはつづけて、これは「(トマス・)クックが自らコンダクターを務めるツアーの最初の一団の来訪とまさに時を同じくしている!」と皮肉った。

その三年後、朝鮮の新たな植民地支配者が、箕子陵の近くの丘の上に急勾配の萱葺《かやぶ》き屋根をもつ壮大な木造の館の建設を開始した。平壌の神道神社だった。この神社で、急速に増えていた日本人居住者だけでなく、とくに地元民である朝鮮人が、日本の原始太陽神である天照大《あまてらすおお》神《みかみ》の子孫、すなわち、はるか彼方の東京にいる天皇に敬意を表わすことが要求されるようになる。いうまでもないが、現在の平壌にはこの神社の痕跡もない。

朝鮮を深く旅するにつれて、ケンプは植民地的近代の暗い側面——迫りくる近代に直面した過去の抗しようもない退却をも超える、文化的暴力——をますます強く認識するようになった。当時、公式の朝鮮併合がほんの何カ月後に迫っていたにもかかわらず、日本政府は全面的な植民地化の計画を否定しつづけ、そのプレゼンスは朝鮮王の同意を得て実施されている保護関係にすぎないと主張していた。しかしケンプは指摘する。

彼らはその保護関係をできる限り宥和的に運ぼうと努力するどころか、その正反対があまりに多い……。いろいろな意味で、この国の利益になるはずのことをたくさんしているのだが、その手法がこのうえなく不快である。朝鮮人の切なる願いを踏みにじり、打ち負かした敵ででもあるかのように扱っておきながら、併合の意図などないと打ち消しても、それはほとんど意味をなさない。

▼静寂の音

牡丹峰を訪ねたエミリー・ケンプをうっとりさせた平壌の風景は、現在では、すべての外国人訪問者が案内される名所である〝主体思想塔〟から眺めるほうがいっそう壮麗である。外国や植民地支配などを連想させることから、箕子はすっかり廃れてしまって、箕子陵も破壊された。主体思想はなによりも深くナショナリスティックな思想なのだから。ステンドグラス製の炎をいただいて聳えたつ白い塔のてっぺんからは、街の中心を貫いて静かに流れる大同江の深い緑色に輝く水と、そのむこうに広がる光景を三六〇度見渡すことができる。

この町の大通りや広場は紙屑《かみくず》ひとつなく清潔に保たれている。トレーニングウェア上下を着て、タオルや箒《ほうき》やちりとりを携えた住民の集団がいくつも出動して、市民としての義務を果たしているからだ。時折トラックやバスが騒音をたてて通りすぎるが、通りを行きかうのは歩く人がほとんど。平壌の人びとは、男は黒いスーツか軍服姿、女は地味なスカートとブラウス、子どもたちは学校の制服か運動着で、長距離を歩き慣れた人に特有の足どりで歩く――急がず、頭を高くあげて、腕を両脇でリズミカルに振って。大同江の両岸の、きれいに刈った芝生《しばふ》ときっちりと刈り込んだ植え込みのある公園では、市民が釣りをし、たばこを吸い、木陰にしゃがみ、本を読んでいる。躑躅《つつじ》の花が咲き、春の柔らかな芽をつけた柳が繊細な枝を水面にたらす。

平壌の町を行く人びと（サンディ画）

平壌の野外空間には奇妙な音が共鳴している。大音響の軍隊行進曲や、正午と真夜中に屋上から流れてくる悲しげな電子音のチャイムの奥にある、深い沈黙の音だ。トラックかバスが現われるときには、それがはるか遠くから近づいてくる音が聞こえはじめて、通り過ぎて視界から消えてしまっても、次第に低くなっていくエンジンの唸る音が長いあいだ響きつづける。平壌は、三〇〇万以上の人口を擁しながら、世界中のほかのどの現代都市にも充満している音、絶え間なく行きかう自動車の騒音がしないのだ。

一〇代の初めころにはじめて大きな町に住むようになったわたしは、夜中にふと目を覚ましては、あの音に耳を澄まして怯《おび》えたものだ。低い、決してやむことのない、非人間的な大都会の唸り声。今では都会の音にすっかり馴染んでしまって（たいていの人と同じく）わたしの耳にはもうあの音が聞こえない。しかし平壌にいると、その音の不在が鳴り響くのが聞こえる。

泊まっているホテルのだだっ広いダイニングルームでの朝食時。真っ白な麻のテーブルクロス、クリスタルのシャンデリア。でもメニューはなく、どこか内気そうなウェイトレスが、わたしたちをもてなそうと躍起になっている。あれこれ相談したあとに長いあいだ待たされてから、大量のパンと目玉焼きと、なかなかおいしい熱いコーヒーが運ばれてくる。隣のテーブルでは、華奢《きやしや》な老女から小さな子どもたちまでそろった大家族が、朝鮮語と日本語のチャンポンで会話をしている。ガイドたちの説明によれば、このホテルは、長く音信不通だった親戚を訪ねて日本から（アメリカからも）やってくる朝鮮人家族によく使われるそうだ。しばらく後にこの家族をホテルの階段で見かける。おばあさんは足元がおぼつかなくて、からだをふたつに折って杖にすがって立っている。その頬《ほお》をつたう涙……。

リュウ氏は早起きで、その日の説明文に手を入れながらロビーでわたしたちを待っている。相棒のリさんより年長だが（あとでわかったが）この仕事では後輩で、兵役を終了し、さらに何年か研究者として働いてから、ガイドになった。英語はリさんほど達者ではないが、その意欲たるや経験不足を補って余りある。ちょっとでも空き時間があると情報を暗記し、説明文に手を入れていて、ことばに詰まることもないわけではないが、「偉大なる指導者金日成主席の賢明なる指導のもとに」などの英語のフレーズはリュウ氏の口からよどみなく流れだす。「軍隊は好きでした。じつにきつい仕事でしたが、楽しくもありました。軍隊にいると、まるで自分が重要な人物のような気になれるのですよ」

だが、ほんとうのところ軍隊向きの人のようには見えない。どちらかというと学校の先生のようで、じっさい、軍隊に入る前にちょっとのあいだ教師だったことがある。ひょろっと背の高い体軀《たいく》に黒い背広を垂れ下がらせているこの人がほんとうに愛しているのは、財布のなかに写真をしのばせている妻とまだ赤ちゃんの娘だ（とわたしは見ている）。大同江沿いに走る車のなかで、ふさふさの髪をのせた小さな丸顔の写真を恥ずかしそうに見せてくれる。その瞬間、リュウ氏の目からその悲しみが束の間消えて、微笑《ほほえ》みに父親としての喜びが輝く。

今日の平壌は、最初の破壊と再建よりさらに大々的だった、第二派の破壊と再建の産物である。ほとんどの日本人が日清戦争時の平壌の徹底的な破壊を忘れているように、アメリカ、イギリス、オーストラリアといった国のたいていの人も朝鮮戦争中の平壌の徹底的破壊を忘れてしまった。

北朝鮮政府もそれを思いおこさせようとはあまりしていない。戦争の記憶はこの町のどこでも感じられるが、戦争を記念する物語はすべて英雄的な抗戦と輝かしい勝利のそれである。平壌の中心にある祖国解放戦争勝利記念館では、激戦を表現した巨大なジオラマを快活な若い女性兵士が誇らしげに解説する。「そのとき我が軍がアメリカ軍の巨大一個師団を完膚なきまでに粉砕した」大田《テジョン》（現在の韓国の都市）の戦闘。「人民軍の操縦兵たちの闘志は、われらの偉大なる指導者の指導のもと、朝鮮人民を圧殺しようという敵の企みを完膚なきまでに打ち砕いた」チョル峠での壮大な闘い。朝鮮ではどこに行ってもガイドが統計上の細部に情熱を傾ける。この説明員も、広い円形の部屋の真ん中の回転台の上に立って、周囲の壁の全面を使った大田の闘いの描写を息もつがずに解説する。「高さ一五メートル、周囲は一三二メートル、直径は四二メートル、ここからあの絵までは一三・五メートルで、芸術家たちはこの一枚の絵に一〇〇万人以上の人物を描きこんでいます」

ここで一息ついて、それから、「でも、ずっと数えているんですが、わたしはまだ全部数えきれてないんです」と告白する。

さらに、〝祖国解放戦争〟は一九五〇年六月二五日に始まったのだが、その日、「アメリカの侵略者たちが三八度線を越えて南から我が国に攻撃をしかけてきたので、われらの偉大なる指導者がわれらの兵士たちに、反撃せよ、敵の挑戦を挫《くじ》け、と命じました。さらに、この戦争を機に、われらはひと月のうちに南朝鮮全体を解放しなければならない、とわれらの偉大なる指導者が命じられました。しかし我が軍の兵士たちには武器が少なく、アメリカの侵略者たちは自国から、さらには地中海艦隊から、そして太平洋艦隊から、大量の増援物資を運びこみ、それをもって平壌を含む北のいくつかの地域を一時的に占領したため、われらの偉大なる指導者金日成将軍は、我が軍の兵士に暫定的に北に撤退するよう命じました。しかしその後アメリカ帝国主義者たちは鴨緑江を越えて中国のいくつかの場所を爆撃するに及んだために、中国が我が国に義勇兵を送り、その義勇兵が我が人民軍と力を合わせて新たな反撃に出て、アメリカ人を三八度線の南に追いやったのです」。

チョル峠の闘いのジオラマのほうは、峠の上に敵機が急降下し、対空射撃が火を吹いている情景が再現され、大げさな音響と照明が効果を高めていて、子どもたちにとても人気がある(という説明である)。

しかし、犠牲者北朝鮮が即座に勝利者北朝鮮に変わるこのどぎつい公式ナラティブは、人間の苦しみをめぐる日常的な物語とはどうもそぐわない。今回オーストラリアを出るすこし前に、平壌の生涯のなかでも特筆すべき二日について読んだのだが、その二日をしのばせるものを探してみてもここにはなにも見つからない。その二日にかかわる数字のほうが、大田の闘いのパノラマの寸法よりもっと重要だと思うのだけれど。その二日の片方、一九五二年七月一一日には、アメリカ合衆国、イギリス、オーストラリア、そして韓国の爆撃機が一二五四回出撃し、延べ二万三〇〇〇ガロンのナパーム弾を平壌とその住民の上に降らせた。もう片方の一九五二年八月二九日には出撃回数は一四〇三に及び、平壌市民約六〇〇〇人が殺された。その数日後に平壌爆撃は終わった。すでにこの都市には攻撃を正当化するだけのものが残っていないと米軍司令部が結論づけたからだ。平壌の建物の八〇パーセントが瓦礫《がれき》と化していた。

記念館を出しなにガイドのリュウ氏が言う――自分の両方の祖父と片方の祖母が朝鮮戦争で死にまして……。まるでついでにちょっと触れるというように、恨みの気配など微《み》塵《じん》もにじませずに。ここではごくあ

1950年、大同江の半壊した橋にしがみつき、戦火の平壌から逃れる避難民（ＡＰ／アフロ）

りふれた類の話なのだ。

ナパーム弾の化学物質が浸みこんだ瓦礫のなかから立ちあがった新しい都市は、コンクリートと石と大理石で創られた、革命的反逆の表現作品だ。平壌は主体思想の生きた具象となることになっていた。ほかのどこの首都にある何よりも、建物は壮大で、娯楽は豪華で、文化は高尚になるはずだ。主体思想塔は高さ一七〇メートルで、一見そっくりなワシントン・モニュメントより七〇センチ高い。日本植民地支配にたいする朝鮮の英雄的な抵抗を記念して建設された凱旋門《がいせんもん》は世界最大の凱旋門だ。リュウ氏が（念入りな予習の成果を披露して）説明するには、高さが六〇メートル、幅は五〇メートルある。フランスの凱旋門は高さが五〇メートルに足りないし、幅もたった四五メートルしかない。

しかし、北朝鮮の指導者たちが植民地都市の痕跡をすべて拭《ぬぐ》い去《さ》る決意を公言しても、じっさいのところ、二〇世紀初頭に近代化をはかった日本人たちが敷設した碁盤目状の街路は主体思想の首都にとって格好の基礎となったし、その輪郭は、今日の都市の拡幅された大通りや社会主義新古典主義様式の下に今も透けて見える。停車場通りはその後〝人民軍通り〟と改名され、〝柳通り〟となり、現在は〝栄光通り〟と呼ばれているが、相変わらず駅から市の中心に向かって矢のようにまっすぐに延びている。かつて日本人商業区域であった大和町を二分していた大通りは一九五〇年代に拡幅され、まっすぐに整えられて、〝スターリン通り〟という新しい名称を与えられた。今ではそれは〝勝利通り〟となって、凱旋門と同じく植民地支配からの勝利の記念物となっている。

日本が建設した給水施設のある大同江の中の島には今はメーデー・スタジアムができて、息をのむようなアリラン・マスゲームがくりひろげられる場となっている。しかし牡丹峰はエミリー・ケンプが訪れたときと変わらず人気のピクニック・スポットなのだが、植民地時代の巨大な建物――東京の国会議事堂や、その分身である満州国の失われた首都新京の国務院ビルになんだかいやに似ている――には、いま、北朝鮮を支配する労働党の創立を記念して造られた博物館が入っている。そして、日本の植民地統治当局が一八九四年の平壌の戦いで死んだ日本兵を記念したまさに同じ地点に、少なくともつい最近まで、闘いに倒れた人民軍兵士たちを称えるモニュメントが建っていた。〝われらが栄光の死者たち〟の国籍や政治体制は変わっても、記憶の儀式はほとんど変わらない。

第五章　平壌──もうひとつのイェルサレム

▼人民大学習堂

平壌《ピョンヤン》はご褒美である。首都に住むことは、究極の成功のしるし。なぜなら平壌は（ほかのどの国の首都にも増して）社会的・政治的エリートの予約席だから。首都に進入する道路には警備所が設けられ、望ましくない貧しい地方住民の流入から首都を注意深く守っている。広い目抜き通りに面した集合住宅はあたりさわりのない、表面的には近代的な顔を見せている。エミリー・ケンプが見たらぞっとしたことだろう。それでも、〝主体思想塔〟のてっぺんから眺めれば、灰色の屋根の、壊れそうな平屋がおびただしく並ぶ列を古い集合住宅の建物群が方形にかこんで封じこめているのが見える。首都の真ん中にひっそりと隠された村落。

それにしても、人民大学習堂はほかのどの建物より平壌のユートピア構想を強く主張している。

今は人民大学習堂の建つ、平壌市の中心にあるこのなだらかな丘は、二〇世紀初頭にはカトリック教会とメソジスト監督教会の布教団の拠点だった。メソジスト監督教会の布教団についてエミリー・ケンプは、塀囲いの内に「アメリカ式」の建物の建つ居留地、と表現している。そのなかには「遠くからでも聞こえるだけでなく、よく見える」鐘楼をもつ、大きくて立派な教会もあった。どちらの教会も朝鮮戦争中に破壊され、今はその跡地を、白い大理石の列柱と何層にも重なる翡翠色《ひすいいろ》の瓦葺き屋根からなる、宮殿のような新伝統主義的建築物が占めている。一九八二年落成のこの人民大学習堂は、北朝鮮の国立図書館であるだけでなく、リサーチセンターでもあり、成人教育大学でもあり、総合的な啓蒙普及センターでもある。

ヴェルサイユ宮殿にも匹敵するほど広大な舗装された広場があって、その片側に驚くほど澄んだ水がいくつもの噴水や滝や池、岩場などをめぐって流れている。赤いスカーフを首に巻いた少年団の制服姿の男の子たちが、白いシャツの袖と紺色のズボンの裾《すそ》をまくりあげて、流れのなかの岩の上にこわごわ立ちあがってスリルを楽しんで大声をあげている。広場では母親たちがよちよち歩きの子どもを連れてきてピクニックをしている。噴水の水に布をひたして、女の子のベトベトになった指を拭《ふ》いてあげている母親。

すぐ近くでは、結婚式を挙げたばかりのカップルが笑いながらじゃんけんをしている。新郎はグレーのスーツ姿、花嫁は金色の花を散らした大きく膨らんだピンクのチマチョゴリ。カメラマンがいいアングルを狙って周囲をうろうろする。参列者はわずかしかいないらしいが、通りがかりの人たちが足を止めて、微笑みかけ、手をふり、新婚さんを祝福する。

北朝鮮の結婚は今もたいていは伝統的な形式にのっとって仲人が仲介する。相手の政治的あるいは社会的な〝血統〟を調べてくれることもある。ガイドのリュウ氏の場合、軍隊時代の上司が縁談をまとめてくれたという。しかしアジアのどこでも同じだが、見合い結婚イコール恋愛感情がない、というわけではない。リュウ氏は、妻と恋に落ちたいきさつをいつか話してくれると約束している。

「チマチョゴリってほんとうにきれいだわ」と、噴水の前でポーズをとる花嫁を見ながらサンディが言う。

ガイドのリさんは、「そうですね」と返してから、いわくありげな微笑をうかべて、「それに、婚約と結婚式のあいだにちょっとした事故があった場合などとても便利ですよ」と、びっくり発言。

人民大学習堂に入ると、灰色とピンクの大理石張りの音の反響する玄関広間に、白頭山《ペクトウサン》を描いたフリーズを背にした金日成の白い巨大な像がどこか遠くに目をやって座っている。遼陽《リヤオヤン》にあった黄金の大仏陀像にひけをとらない圧倒的な威容。国際交流課の司書が建物内を案内してくれるのだが、この人も次から次へとよどみなく数字を並べる。

「この広間に使われている石材は我が国の九道すべてから運ばれました。人民大学習堂は一〇の建物、一〇〇の部屋から成り、三〇〇〇万冊の書籍を所蔵し……」

人民大学習堂はたいへん立派な理念を掲げているようだ。図書館は優れた学者・研究者を独自のスタッフとして雇用し、この人たちは研究に携わる一方で、ビジターからのいかなる難解な質問にも答えるべく待機している。おびただしい数のコンピューターが並ぶ大きな部屋は、この図書館のサービスの対象である〝人民〟が、北朝鮮独自の開発による光明《クワンミヨン》イントラネットを駆使して調査研究に励む場である。

「現時点ではこのネットワークは我が国内に限られていますが、まもなくインターネットと接続されるでしょう」と、ガイドが説明する。

でもそのときがくるまでは、北朝鮮はインターネット革命の影響からもっとも厳しく遮断されていて、その一方で韓国は地上でもっともデジタル接続が進んでいるところでありつづける。

そして、人民大学習堂にある外国の本の大半は、技術的なテキスト類を除いて、一般の利用者の閲覧は事実上禁止。膨大な収蔵量をほこる外国のレコード、CD、フィルムなども、そのほとんどが同じ扱い。それでも、扉は完全に閉じているわけではないようだ。カラオケの上手なリさんのレパートリーには、(金日成作曲といわれる)〝思郷歌〟のようなスタンダードな北朝鮮愛唱歌だけでなく、〝すべての山に登れ〟や〝エーデルワイス〟、〝マイ・ハート・ウィル・ゴー・オン〟なども含まれている。『サウンド・オブ・ミュージック』や『タイタニック』などは英語研修中の課題映画だった。

リさんはさらに、携帯電話を買いたいのでがんばってお金を貯めているところだそう。今は北朝鮮でも携帯電話は手に入り、国内のごく限られたネットワークにしかつながらないのに、どうやらひとつのステータス・シンボルとなっているらしい。

▼平壌の日曜日

エミリー・ケンプが訪れた当時、平壌中心部にその鐘を響きわたらせていたメソジスト監督派の堂々たる教会堂は、この町全域に急速に広がっていたキリスト教教会網の一部でしかなかった。一九一〇年に総人口四万人だった平壌におよそ八〇〇〇人のキリスト教徒がいたといわれていて、ケンプとマクドゥーガルはこの町に滞在中、日曜日ごとにこの教会、あの教会と巡り歩いて楽しむことができた（もっとも、メソジスト教会では説教が始まるとそっと抜けだしたりしたのだけれど）。

しかし、最初に平壌にやってきた西洋人宣教師があたたかく迎えられたわけではない。ロバート・トマスというスコットランド人牧師は、この〝隠者王国〟に門戸を開いて通商せよと説得するという大胆な試みの一環として、一八六六年、聖書のいっぱい詰まったトランクを携えて、イギリスの貿易会社がチャーターしたアメリカ船ジェネラル・シャーマン号に乗りこんでこの町にやってきた。ところがこの航海は大惨事に終わった。船が浅瀬に乗りあげ、恐慌をきたした乗組員が集まってきた朝鮮の群衆めがけて大砲を発射し、激怒した群衆が船に火をつけ、乗っていた全員が死亡したのだった。「アメリカ帝国主義侵略船ジェネラル・シャーマン号の攻撃」に対する朝鮮人の反撃は今も北朝鮮の歴史的心象にきわめて大きな位置を占め、大同江《テドンガン》のほとりに建立された大きな石碑によって記念されている。その隣に一九六八年に北朝鮮に捕えられたアメリカのスパイ船プエブロ号があるのがなんとも象徴的だ。

しかし当初の敵愾心《てきがいしん》が薄れた二〇世紀初めの一〇年間に、元山《ウオンサン》や平壌など北部の町で突如として改宗ブームがおきた。おそらく、戦争と、迫りくる植民地支配への不安があったからだろう。長老派中央教会は伝統的な朝鮮様式の美しいシンプルな建物で、一〇〇〇人の信徒が集えるほどの規模を誇っていたが、ケンプとマクドゥーガルが礼拝に出席したときには人があふれだすほど満員になることもしばしばで、増えつづける改宗者に対応するために新たに三九の教会が周辺地域に建てられているところだった。すでに一九一〇年には平壌はキリスト教伝道者仲間で〝東洋のイェルサレム〟という評判を得ていた。

ケンプとマクドゥーガルは中央教会で朝鮮人の牧師に会った。このキル牧師は炎のように熱烈な改宗信徒で、その熱意とエネルギーには現在の〝一五〇日戦闘〟と奇妙に響きあうものがある。

この人は、会衆の集中力が散漫になっていると感じると、毎日早朝四時に祈禱会を開くようになり、これにはまもなく六〇〇から七〇〇人の信徒が出席するようになり、その結果大いなる信仰復興がおきて、会衆はキリストについて他者に知らしめるために三〇〇〇日以上を費やすことを誓った。

ケンプとマクドゥーガルが中央教会に到着したとき、ちょうど女たちの聖書読書会が始まるところだった。目に入った信者たち——男たちの視線をさえぎるために平壌の女たちが着ける巨大な帽子姿の人もいた——のありさまや、まるで「にぎやかな蝶《ちょう》の群」のような子どもたちに、ケンプはすっかり魅了された。

何百人もの白い服の女たちが、書物を布にくるんで腰に巻いておなかのうえで縛り、背には子どもをおんぶして、おチビさんたちの服はとりどりの虹《にじ》の色——これほど魅力的な光景がほかのどこで見られるだろう……。

このイメージは憶測を誘う。平壌の中央教会でのこの女性信者の集まりに出席していた白い服の女たちのなかに、ひょっとしたら、長老会の長老牧師康敦煜《カンドンウク》の娘で、若き敬虔なキリスト教徒だった康盤石《カンバンソク》という名の人がまじってはいなかっただろうか? 康盤石は一九一〇年に一八歳だったはず。そしてその二年後に、長男の金成柱《キムソンジュ》を出産した。この子はのちに(成人して金日成と改名し)朝鮮民主主義人民共和国の永遠の主席となる……。

観光客にとって、光り輝く巨大な金日成像の〝参拝〟ははずせない。今は消えてしまったメソジスト教会とカトリック教会の跡地のすぐ近くにあるその像の前に連れていかれると、とほうもなく大きなそのブロンズ像の上に、もうひとつのイメージを重ねてみたくなる——白い服を着た二〇歳そこそこの女が、蝶のような幼子をおんぶして、お祈りを唱えている……。

平壌郊外にある七谷《チルゴル》は金日成の母親が育った村だが、のちに（すでに北朝鮮の偉大なる指導者になっていた）息子によって「チルゴル革命の地」とされ、母親の思い出に捧げられた野外博物館になっている。しかし、主体思想に傾倒する国のなかの「革命の地」にしてはかなり異例なことに、この七谷にはキリスト教会がある。康盤石が通っていた教会を再現して、一九九二年に建てられたといわれている。おそらくは、平壌の中央教会からあふれだした信徒たちに礼拝の場を提供するために建設された何十という小さな長老派教会のひとつが、その原型だったのだろう。

1910年当時の平壌の女性（ケンプ画）

この七谷は現在平壌に存在するふ

たつのプロテスタント教会のひとつである。市の中心部にもうちょっと近く、もうひとつのボンス教会がある。同じような素朴な造りで、製麵所に付属している。この工場では、海外のキリスト教関係援助団体から送られてくる小麦粉を小学生や高齢者のための食品に加工している。この教会の礼拝では――少なくとも特別な催しがあるときには――金日成総合大学の学生の聖歌隊が賛美歌を歌う。このほかにも平壌にはカトリックとロシア正教の教会があるほか、イラン大使館の敷地内にモスクがある。

公式に無神論を標榜《ひょうぼう》する国の中心地に宗教建造物が存在するというこのチグハグはさまざまな疑問を喚起するが、それを問うても答は出てこないだろう。ふつうの北朝鮮国民に宗教を選ぶ自由がないのは明らかだ。じっさい、許可なく聖書を所持していたら、じつに恐ろしい結果になる可能性が高い。それでは、チルゴル教会、ボンス教会、カトリック教会には誰が通うのだろうか？　どうして金日成は革命村の真ん中に母親の教会を再建する気になったのか？さらには、再建に熱心だったのか？　金日成総合大学の学生たちは、キリスト教の聖歌を歌いながら何を考えるのだろうか？

北朝鮮を旅すればするほど、〝信仰〟と呼ばれるあの不思議でとらえどころのないものに、わたしはますます興味をそそられ、当惑させられる。

▼不死の鶴

素晴らしい景色だ。ホワン・ソクミンはその美しい景色を見つめながら、物思いに沈んで立ちつくしている……。舞台奥の照明が明るくなり、虹のかかった空から妖精たちが舞い降りてくる。そこに、可哀《かわい》そうなスンイが登場して、「パパ！」と呼びかける……。

［コーラス］
金剛山《クムガンサン》、おお、金剛山の峰々よ、
いかに多くの伝説がその周囲に織られてきたことか！
父を求めて泣く少女がここにひとり、
おお、金剛山よ、この娘の物語も伝説なのか？

朝鮮民主主義人民共和国は豊かな伝説の国。一九七三年初演の革命オペラ『金剛山の歌』では、妖精のコーラスを背景に、日本帝国主義の残虐行為によって引き裂かれたある家族の物語がくりひろげられる。家族に竹笛を吹いて聞かせることを楽しみにしていた父親のホワン・ソ

革命オペラ『金剛山の歌』の台本の挿絵

クミンは、妻とまだ赤ちゃんの娘を金剛山中に残し、植民地支配者を敵にまわして満州で英雄的なパルチザン闘争を展開する金日成将軍のもとへと馳《は》せ参《さん》じ、のちに革命歌作曲家として成功する。解放後、長きにわたって悪い日本人地主の略奪によって丸裸にされた金剛山の山々は、花の群れ咲く社会主義の楽園に変わっている（日本が金剛山一帯を〝未来の極東の一大観光地〟に改造しようとしたことは〝強欲な帝国主義者たち〟についての北朝鮮のイメージにそぐわないので、この物語からは抜けている）。大団円は、メロドラマ好きなら誰でも胸にぐっとくるような場面。可哀そうなスンイは今や美しい娘に成長し、自分の村を舞台にしたオペラに出演するために選ばれて首都に出る。そのオペラは平壌の（ずっと前に消滅した日本の神社の跡地に建つ）モランボン劇場で上演されるのだ。このオペラを作曲した有名な作曲家の監督するリハーサル中、すっかり感激して動転したスンイは、古い竹笛を握りしめている。その笛に作曲家が目をとめて、にわかに気づく。これはずっと昔、まだ若かったころ、愛する家族と別れるときに自分が吹いた笛ではないか。そう、スンイこそ、あれ以来ずっと行方不明だった我が娘……。

劇中劇は、出演者全員で、われらが太陽、金日成将軍の栄光の到来を歌いあげて終わる。

錦繍山《クムスサン》記念宮殿（二〇一二年、錦繍山太陽宮殿に改称）は平壌の中心部の北の郊外にある。周囲をかこむ濠《ほり》の水に柳が影を落とし、その影をぬって白鳥が滑るように泳いでいく。旅をしていたエミリー・ケンプは朝鮮の緑深い山々のあちこちで雉《きじ》に遭遇したと書いているが、わたしたちはここ錦繍山に来てはじめて鮮やかな色の雄の雉をちらっと拝見できた。完璧に手入れされた芝生の上をきどって歩いている。

ここを訪ねる機会を得たのは思いがけない名誉である。つい最近まで、国家の公式な賓客でもなければ、外国人はこの宮殿に入れなかった。待合室は茶色の大理石の壁で、事務所のロビーのように見えるが、じっさい、以前はそうだったのだろう。ここは北朝鮮政界の心臓部だったのだから。金日成主席が生活し、執務もした場所で、ここで党の指導層とともにこの国の運営にあたったのだ。そして今、永遠の主席が厳かに横たわる霊廟《れいびょう》になっている。

髪をスカーフに包んだ女性の一団（イラン大使館の人たちだと判明）がわたしたちといっし

ょに聖所に入る順番を待っている。かなり長い時間待たされて、わたしはロビーの一隅に置かれたコーヒーテーブルの上の*Korean Today*という英語の政府刊行物を読んでいて、なかなかためになる記事をみつける。公式イデオロギーである主体思想を補完するものとして金正日が唱えた〝先軍〟思想の要点を説明した記事だ。それによれば、〝先軍〟思想の核は「軍（the army）とは軍部、国家、人民を意味する」ということであり、「国全体がすっかり要塞となった」そうだ。さらにページを繰って、「ヘアピンの増産に向けて」と題する記事を開いたとき、霊廟に入る順番になる。

奥に進む前に、わたしたちは財布以外の所持品をすべて預けなければならない。カメラと煙草《たばこ》はとくに厳しく禁じられていて、なにも隠し持っていないことを確認するためにボディチェックされる。緑色のプラスチック製の履物クリーナーで外界の汚れを除去した足をコンベヤーベルトに乗せると、動く歩道が恐ろしく長い廊下を滑るように進み、濠を渡り、その奥の領域へと音もなく運んでくれる。わたしは韓国の慶州《キヨンジユ》にある美しい寺を思いだす。あの仏国寺にはかつて大きな濠があって、その外にある儚《はかな》い現実世界と内側の聖なる空間とを分けていた。

ここ平壌では、わたしたちを運ぶ動く歩道の両側は大理石の壁で、永遠の生命の象徴である鶴が浮彫りされている。一九九四年七月八日、偉大なる指導者金日成が逝去した日に、空から鶴の大群が舞い降りてきて、この宮殿の屋根や城壁に群がった、という伝説が語られている。

ガイドのリさんは、まだ幼かったけれど、その不幸な日のことははっきり憶えている。「お昼ご飯を終えたばかりのとき母がラジオをつけたので、ニュースでなにが起きたのか知りました。まだ小さくて、ほんとうには理解できませんでしたけど。通りの群衆のなかにいたことを憶えています。とてもたくさんの人であふれていて、母や父の姿を一瞬見失って、とても怖い思いをしました。それから三年ほどは、命日のころになると、前後何日間も、笑顔をみせたり、笑い声をあげたりする人は誰もいなかったものです。子どもがうっかり笑ったりすれば、親に叱《しか》られました」

北朝鮮は、解放から四〇年近くのあいだ、金日成以外の指導者を知らなかった。金日成は革命の英雄であり、国家イデオロギーの核であり、芸術と文学の中心テーマであり、国民の父であり……。群がる子どもたちに慈愛にみちた微笑みを与えている金日成の姿が際限なく描かれている。心臓発作のために急逝したのは、社会主義国世界が崩壊し、北朝鮮が歴史始まって以来最大の経済危機に直面しているときだった。この国の生命の心臓部に目もくらむような恐ろしい空洞を残して、彼は姿を消したのだった。人びとは正真正銘の、心の底からの悲嘆にくれたのだが、その悲嘆の理由は複雑だった。

長い廊下の先には広間があって、金色の太陽を刺繍した黒いベルベットのチマチョゴリをまとった女性係員が警備している。広間の片側に、昇る太陽を背にした亡き指導者の巨大な立像。次の部屋に入ると、黒衣の係員からひとりひとりに音声ガイドのセットが手渡される。これがこの先の世界を英語で説明してくれる。部屋にはイラン人の団体のほかに数人の外国人がいて、整然と並ぶ大勢の北朝鮮の拝観者たちのあいだをひっそりと歩いていく。

音声ガイドは、まぎれもないイングランド北東部訛《なま》りの男声による、低く、ドラマチックな抑揚のついた解説だ。

「ここに偉大なる首領様が厳かな姿で横たわっておいでになります。彼は人類の息子でした。休むことなく働き、その命を人民のために捧げ……。

偉大なる首領様はわれわれの太陽であり、この世に幸福と光をもたらすために天から遣わされ……。

壁面のフリーズをご覧ください。人びとが涙を流しています。老人、女たち、子どもたち、みんな泣いています。彼が去ったために、人びとの胸は張り裂け……。

しかし彼の息子、われらの親愛なる指導者金正日将軍によってこの場所が設けられて、偉大なる指導者金日成主席が永久にわれらとともにいらっしゃることを示し……」

外国人はイヤホンを耳にしっかり押しつけ、うつむいて、ひたすら互いの視線を避けながら歩く。

ようやく霊廟の心臓部にたどりついたのだが、入る前にさらにもう一段階のお清めがある。ゲートを通り抜けると、一陣の風が衣服や身体から不純物を吹きとばしてくれる。奥の聖所に入ると、中央にガラス張りのケースがあって、そばに順番を待つ人の長い行列ができている。わたしたちもその列について、それから三人ずつ前に進みでると、ガラスケースの前で頭を垂れる。わたしは部屋にいるほかの人たちの顔を見る。朝鮮女性のなかには涙をぬぐっている人も数人いるが、たいていの顔にはなんとも判読しがたい表情がうかんでいる。

ガラスケースのなかの人物は背広の上下を着て、伝統的な朝鮮式枕に頭を載せている。ここではとほうもなく巨大ではなく、顔にわずかに老いのしるしを見せて、まるで眠っているようだ。

さらにその先のいくつもの広間には、永遠の主席の専用列車車輛やメルセデス・ベンツのほかにも、真鍮《しんちゅう》や黄金であふれかえったガラスの陳列ケースがある。とうにこの世を去った友人たちから贈られた承認の証。アルバニア、ルーマニア、ユーゴスラヴィア、ブルガリア、ソビエト連邦……と、ずらずらと連なる国名。そのほかにももっと驚くような表彰がある。世界知的所有権機関や赤十字国際委員会などから贈られたメダル。金日成はイタリア、マジェンタ市の名誉市民であると証する賞状。サンマリノ社会党結成記念メダル……。

その日の夜、ほかのツアー付きのガイドたちもいっしょに夕食をとっているとき、（いつもわたしよりずっとうまく率直な問いかけをする）サンディがひとりのガイドに訊ねる。

「あなたの国では、人が死ぬとどうなると考えているの？」

「いろいろですね」と、その人は考えをめぐらす。「火葬してもらいたい人もいるし、土葬にしてもらいたい人もいる。別の姿になって戻ってきたいと考える人もいるし……」そう言って、ちょっと笑う。「いや、冗談です。でも、わかりませんよね。ある人が死ぬと、その人に似た別の人が生まれる……」

でも、そういうことはすべて、金日成主席が永遠であることとは全く別の話だ、とその人は主張する。

「主席は永遠にわたしたちとともにいるのです」

錦繡山記念宮殿の中心で、昼も、夜の闇のなかでも、ガラスケースのなかでじっと横たわっている姿を思いだして、突然わたしの心は悲しみでいっぱいになる。エミリー・ケンプが垣間見た蝶のような子どもたち、束の間射しこんだ陽の光のなかをひらひら飛んで、その先の冬の疾風のなかへと去っていった蝶たちへの悲しみで。

第六章　分断ラインの両側——開城と都羅山

▼統一モニュメント

平壌《ピョンヤン》からソウルへの汽車の旅はエミリー・ケンプにとってとりたてて言うほどもない出来事だった。ちょっと前にひいた風邪が悪くなりはじめていた。汽車が沙里院《サリウオン》から開城《ケソン》を経てソウルへと進んでいるあいだ、もしかしたらケンプは平壌滞在中の日誌を書いていたのかもしれない。その二年ほど前の中国旅行のとき、友人であり師でもあったスコットランド人神学者マーカス・ドッズ（この人にケンプは最初の本 *The Face of China* を献呈した）に忠告されたのだった——「毎日必ず日記を書くことですよ。そうして、出版社を、ひいては、たとえ間接的にでも、見も知らぬ中国を、わずかでも体験したいと待っている一般読者を、落胆させることはしないように」。この旅でケンプは満州、朝鮮、ロシア領トルキスタンをめぐって一九一〇年六月初めにイングランドに帰り、八月末には旅行記の原稿を書きあげている。どうやらドッズの教えに忠実に従ったようだ。

当時、中国国境の新義州《シニジュ》からソウルまでの三一二マイル（五〇二キロメートル）を行くには一〇時間から一二時間かかった。汽車賃は一等席で一五円六〇銭、二等席で一〇円九二銭だった。平壌は新義州とソウルのちょうど真ん中あたりで、ケンプとメアリー・マクドゥーガルは午後に平壌駅を出発して、暗くなってからソウルに到着した。そしてその間の旅についてケンプの旅行記にはなんの記載もない。

それでも、ケンプの足跡をたどろうとしているわたしたちにとってここは、非武装地帯（DMZ）という、どうしても越えられない壁によって旅路が断たれる地点である。故金大中《キムデジュン》韓国大統領が進めた〝太陽政策〟のころには、この障壁にもいくつかの突破口があいた。一九九八年に韓国企業の現代《ヒョンデ》が許可を得て、韓国側からの金剛山《クムガンサン》ツアーを始めた。当初はクルーズ船によるツアーだったが、二〇〇三年からは陸路を行くバス観光になった。当時、北朝鮮と韓国は、開城市周辺に大規模な共同工業地区を建設しようと熱心に交渉していた。開城は分断ラインのすぐ北側にあり、韓国の首都圏からも車で一時間ほどしかかからない。二〇〇九年にはその工業団地に四万人を超える北朝鮮の労働者が雇用され、ソウル―開城間の道路が再びつながり、韓国の経営者や技術者が開城に出かけるようになっていた。

そして二〇〇七年に、朝鮮戦争以後初めて、非武装地帯を列車が通過した。朝鮮半島最南端からヨーロッパの西海岸までひと続きの鉄のシルクロードが蘇《よみがえ》るか、と期待をふくらませて、人びとはたいそう喜んだものだった。

しかし、境界線の厳重な護《まも》りにあいたこうした小さな穴も、そこを通りぬける動きはごく限定的だった。金剛山観光の韓国人は、現代《ヒョンデ》峨山《アサン》金剛山リゾートで、四つ星ホテルとファミリーマートとともに緑色のプラスチックの高い柵《さく》の内側にしっかりと囲われていた。開城工業地区で働く韓国人も同じようにゲットーに閉じこめられていた。二〇〇七年以降、南北関係が悪化するにつれて、障壁にあいた穴も、広がるどころか、新しい障害物によって塞《ふさ》がれてしまった。パク・ワンジャ射殺事件をきっかけに韓国からの金剛山ツアーが中止され、北朝鮮は開城工業地区を出入りする動きをいっそう厳しく監視するようになった。

こうして、輝かしい五月の朝、冷戦の最後の分断線を越える手だてなどまったくないことを重々承知のうえで、わたしたちは平壌を出発する。

国家観光当局から提供されたピカピカの黒いトヨタ四輪駆動車で一路南へ。トヨタ四輪駆動車は北朝鮮のエリートにたいそう好まれている。平壌に到着して椅子駕籠で高々と運ばれたケンプとマクドゥーガルも、トヨタの車中でサンディとわたしが感じているのと同じ、過剰な優遇に居心地の悪さを感じていただろうか……と、わたしは考えないではいられない。

道路の片側に、ロシア正教会の輝く丸屋根にのった金色の十字架がちらっと見えはじめて、それから後ろに去る。広々した〝統一通り〟をさらに走っていくと、はるか先のほうに、巨大なモニュメントが徐々にせりあがってくる。市の南の入口にかかる高さ三〇メートルの白い石造りのモニュメント。チマチョゴリ姿のふたりの女の人が道路の両側から互いに手を差し伸べ、朝鮮半島――分断線のないひとつの半島――が彫ってある円盤を高く掲げている。

モニュメントが近くなると、その意義について、リさんがかねて用意のスピーチを始める。それによると、ふたりの女性は手を結ぶ北朝鮮と韓国を表わし、モニュメントにある朝鮮半島の地図と碑文には、金日成主席によって表明された統一三原則のビジョンが記されている。いわく、「一九七一年、我らの主席が初めて統一の基本三原則を発表なさいました。自主、平和的統一、民族の大団結です。これらの原則がのちに総合的に体系化されて、平和的な統一達成のためのプログラムとして具体化されました」。

北朝鮮（平壌）の統一モニュメント

リさんによれば、その計画とは、まず南北の漸進的な接近をはかり、当初は大きな連邦を形成する。そこでは資本主義と社会主義のそれぞれの方式を維持することを認めて、最終的にふたつの朝鮮の完全な統合へとつなげていく、というものだそう。根底にある価値観は異なるかもしれないが、細部についてはは韓国の故金大中大統領の太陽政策とかけ離れているわけではないし、あの政策も劇的な統一というより漸進的な統合を強調していた。しかし、北朝鮮からみれば、とくに重要なのは、南北朝鮮の関係改善はすべて北朝鮮のイニシアティブの結果として生じたと、明確にすることである。

「我らの偉大なる指導者、金日成主席は、すでに一九九四年の時点でソウル訪問という歴史的な決断をなさいました。その決定を確認する布告に署名もなさった。ところがあの悲劇が起きて、その翌日に突然のご逝去となったのです。のちになって、二〇〇〇年に韓国の指導者金大中が我が国を訪問し、われらの指導者金正日将軍と会見しました。その次の韓国大統領、盧武鉉《ノムヒョン》も二〇〇七年に我が国を訪ねました。しかし、李明博《イミョンバク》が大統領に選出されてから、関係は極めて悪化しました。南の人びとは北の兄弟姉妹との再統一を強く願っているのです。しかし李明博大統領はアメリカの言うことにしか耳を貸しません」

「再統一できた国もありますね、ドイツのように」と、サンディが指摘する。

「ドイツの場合はぜんぜん違います」とリさんがピシリと切り返す。崩壊しつつあった東ドイツが西ドイツによって事実上とりこまれてしまったことは、北朝鮮のエリートにとってあまり深く考えたくない事例なのだ。

それでも、わたしたち付きのガイドはふたりとも、世界について、とくにアメリカ大統領バラク・オバマについて、わたしたちの見解をしきりと知りたがる。

「あの人はとても人気がありますね、とくにヨーロッパで」と、リさん。

サンディもわたしもオバマには期待している、と打ち明けると、リさんは、「前回のアメリカ大統領選では、ふたりの候補者は非常に異なっていました。もうひとりの候補者、マケイン氏は経験豊かでしたが、オバマ氏はとても未熟です。オバマ氏は演説は上手ですが、物事を成し遂げることは不得手です」。

▼南への道

平壌から開城への道は、北朝鮮唯一のまともな高速道路で、道幅は広く、走行はなめらかで、不気味なほど閑散としている。ほかの道はどこも人でいっぱいだ。歩く人、自転車の人、手押し車を押す人、背や頭に大きな荷物をのせて運ぶ人、さらには、道端にしゃがみこんで休憩する人……。しかしこの道路は戦略目的のハイウェイで、車を運転する人のために造られたわけではない。交通量は事実上皆無。ごくたまに、この車と同じようなピカピカの黒塗りの車や、列をなした軍用車が通りすぎるだけ。一度だけ、道の端をふたりの兵士が徒歩でゆっくり行くのを見かける。ひとりがもうひとりの肩に腕をまわして、とても仲良さそうに歩いている。

沙里院の町を通過する。ここは旧い町で、平壌とは違って今も灰色の瓦屋根の平屋が軒を連ねていて、アパート建物もちらほら見える。その先の道端に休憩所があって、わずかな通行人を相手に魚の干物や梨を商っている。わたしたちも車を停めてコーヒーを飲む。ここで、たったひとりで旅行している日本人に遭遇。ふたりのガイドと運転手を付けられてどことなく戸惑っているようすだ。三〇代後半の男の人で、大学に戻るために会社勤めを辞めたところだそう。

「どうして北朝鮮に?」と、わたしは訊く。

「ほんとうのところどんななのかな、と思って……」

この静かなる好奇心と決断力に敬服。

開城は朝鮮でも旧い町のひとつで、一〇世紀から一四世紀にかけては高麗《こうらい》王朝の都だった。幅広だが浅い川にかかる橋を渡って開城に入って、反対の端の丘に立つ金日成主席の巨大な像に向かって、町を貫くメインストリートを走る。両側に薄汚れたピンク色のアパート棟が並んでいる。脇道にはたいてい古い小さな家屋が並んでいる。暗褐色の煉瓦の壁と灰色の瓦屋根。道沿いに茶色の水が流れていて、女たちが浅瀬にしゃがみこんで洗濯をしている。混みあった路地を自転車や牛の曳く荷車が抜けていく。大きな薪の山を背負ってひしゃげそうになって歩くおばあさんや、自転車の前籠に赤ん坊をのせて危なっかしげにバランスをとりながらこいでいくお母さんやらの脇を、わたしたちの車はすり抜けるように進む。狭い角を曲がろうとしているとき、むこうから小学生くらいの男の子が手作りの紙のお面をかぶってスキップしながらやってくる。おどけた笑い顔の鬼に束の間化けて、とても楽しそう。

▼世界一高い掲揚ポール

車がさらに水田のあいだを抜けて、小さな板門店村《パンムンジョム》に向かっているとき、引っ越し中の一家を追い越す。あちらの乗り物はトラクター。後ろに大きな荷車を曳いていて、家族の全財産がうずたかく積んである。戸棚、テーブル、それに、ガラスのはまった窓枠二枚。たいていの農民は（ケンプの時代にもよく見られた）物を運ぶための木枠の背負子〝ジギー〟に荷を載せて、舗装のない道路の端を歩いている。

非武装地帯に近づいて、駐車場に入る。目の前にはアールデコ調といえなくもない低層のコンクリート建物が二棟。片方は土産物《みやげもの》店で、絵葉書、ガイドブック、色鮮やかな袋物や扇子などを売っている。壁にかかっている一枚の絵を、わたしはついつい買ってしまう。金剛山と海とが出会う地点の景色がキャンバス地に鮮やかな緑と青の絹糸で刺繍《ししゅう》されている。

もうひとつの建物のなかにはＤＭＺの巨大な立体地図がある。幅四キロメートルの帯状の土地のこちら側を走る高い電気柵や、停戦交渉がおこなわれた建物群、北朝鮮の最南端に立つ巨大な掲揚ポール（世界一高いそうだ）などが再現されている。こちらからは行くことのできない南側の青い山々が遠く連なり、地平線にかすんでいる……。ここからはわたしたちとふたりのガイドは軍用車列にエスコートされる。

建物の外壁を栗鼠《りす》が一匹駆けおりてくる。電気柵のゲートを通り抜けるとき、サンディが梢《こずえ》に止まる二羽の梟《ふくろう》を見つける。朝鮮半島の真ん中を横切るこの細長い帯状の土地のほとんどにこの半世紀以上のあいだ人間が居住していない。沈積した冷戦の滓《おり》がすべて凝縮されてきたこの閉じられた土地は、皮肉なことに、地球上もっとも手つかずの温帯自然環境のひとつでもあって、丹頂や月の輪熊といった絶滅危惧《きぐ》種、さらには朝鮮虎の最後の生き残りさえも、棲《せい》息《そく》すると考えられている。

板門店はＤＭＺのなかでも通常の人間活動らしきものが続けられている唯一の場所である。軍用車列に入って北朝鮮と韓国の境界線に向かって走っていくと、水田の脇をすぎる。農民たちがあまりに〝ふつうに〟作業をしていて、その光景はほとんど超現実的だ。ゴム長靴をはいて、白い布で髪をつつんで、水を張った田に苗を植えている女の人。この人はどんな人なのだろう、地理が歴史に征服されたこの土地で生活するのはいったいどんな感じなのだろう、とわたしは考える。

一九五三年七月二七日、ここで、アメリカ軍主導の在韓国連軍代表、ウィリアム・K・ハリソン合衆国陸軍中将と、朝鮮民主主義人民共和国代表、南日《ナムイル》陸軍大将とが、北朝鮮と韓国のあいだの休戦協定に署名した。当時の韓国政府は停戦に反対だったために署名を拒否し、さまざまな交戦当事者間の平和協定はいまだに結ばれていない。その三年前に戦火が勃発《ぼっぱつ》した地点とほぼ同じ位置に両国の境界線を残して、膠着《こうちゃく》状態のまま戦争が終わったときまでに、死者は国連軍五万人以上、中国軍およそ五〇万人、韓国・朝鮮人は三〇〇万人以上に及んだと推定されている。

熾烈を極めた第一次世界大戦でも、主要な戦闘でこれほどまでの規模での無益な殺し合いがおこなわれたことはなかった。

休戦協定に署名がなされた建物の前で下車する。ここはなんて平和そうなのだろう、という思いにうたれる。ライラックの花がたわわに咲いている。ここまで来る道筋でもずっと咲いていた。陽の光にあふれた暖かい午後で、大気はすがすがしく穏やか。休戦協定の建物は白くてシンプルで、まるで村の公民館のよう。扉の上に板を切り抜いた鳩《はと》の飾りがついている。ガイドたちがたいそう誇らしげに説明するところでは、戦いに敗れたアメリカは休戦協定署名式をテント掛けか船上ですればいいと言ったのだが、輝かしい勝利をとげた北朝鮮はそれなりの威厳のある署名式を挙行すると主張し、そのためにたった四日間でこの建物を建造した――。「アメリカの兵隊たちはそれを見て、我と我が目が信じられず、これは本物の壁なのか、とあちこち叩いてまわりました」

建物の外に大まかに削った大きな御影石が据えてあって、一九九四年七月七日の金日成の最後の署名の写しが彫ってある。統一の話し合いのために韓国を訪問する計画を発表した文書から写したものだといわれる。偉大なる指導者によるこのイニシアティブについて、そして、その翌日に悲劇的な急死を遂げたためにその実現が断たれてしまったことについて、リさんがもう一度解説する。リさんの頭上を白と黒の大きな蝶が舞い、それから境界線のほうへと姿を消す。北と南の関係が冷えている今、韓国に旅するという金日成の果たせぬ夢の物語をガイドたちが熱をこめて語る――わたしは不思議の感にうたれる。

北朝鮮と韓国が出会うその境界線で、わたしたちは階段の上に立って、境界を標《しる》して連なる小さな青い兵舎の列と、そのすぐむこうに見える韓国側の建物を眺める。ガラスと大理石でできた、ピカピカで、大きくて、モダンな建物は、ほんの一〇〇メートルほどしか離れていないのに、決してあそこにはたどり着けない。

その大理石さながらの硬い表情の兵士たちが、建物の脇に直立したり、所定の立ち位置と立ち位置のあいだを機械仕掛けのように行進したりしている。北の兵士たちはオリーブ色の制服とひらべったいキャップで、南側の兵士は黒い金属ヘルメットと黒いサングラス。むこう側の建物には境界線を眺められる広いバルコニーがあるのに、人の姿はまったくない。

「どうして南側には見物人がいないのかしら」わたしは訊いてみる。

「前はあそこで見物していたのですが」とリさん。「今はほとんどの人が別の展望台に行くんです。あちら、あの旗のむこうです」

リさんが漠然と右のほうに手を振る。そちらのほうには、かすんで見えるくらい遠くに、世界一高い掲揚ポールに北朝鮮の旗が蒸し暑い春の空気のなかに垂れさがっている。境界線がおかしな具合に折れ曲がっているので、旗はまるで南側にあるように見える。

「どこ?」わたしは目を凝らす。

「旗の後ろ……林のなかです。こちらから見られずにこちらを見下ろせるところに展望台があるんです」

リさんの指す方向に目を向けても、樹木の生い茂った丘の輪郭がぼんやり見えるだけ。わたしは、次の旅で方向を見定めるにはあの北朝鮮の旗を目印にしよう、と決める。境界線の南側でエミリー・ケンプのルートをたどるときに、この目印で北と南をつなぐことにしよう。

それからわたしたちは、北と南を分ける線のぴったり真上に建っている青い兵舎のひとつに入る。まさに分断線そのものを標している木製テーブルに向かって茶色のプラスチック椅子に腰かけ、ミラーガラスのはまった窓を見つめる。おそらくむこう側からも、こちらからは見えない目に観察されているのだろう。

その窓の上の壁に、朝鮮戦争で南側に参加して戦った全軍の旗が額に収めて並べてある。世界中から参集したものたちの点呼。上の列にアメリカ合衆国、国際連合、韓国。そしてその下に（アルファベット順に）オーストラリア、ベルギー、カナダ、コロンビア、エチオピア、フランス、ギリシア、オランダ、ニュージーランド、フィリピン、南アフリカ、タイ、トルコ、イギリス。

わたしたちは黙りこくったまま、しげしげと眺める。世界がこの終わっていない戦争にこれほど大掛かりに介入したにもかかわらず、今ではその終結にこれほど無関心なのはなんとも奇妙ではないか。きっと、近いうちに、この冷戦最後の障壁も崩れるのだろう。その両側で膨れあがりつつある力はあまりに大きい。北東アジア全体にわきたつ消費資本主義と、そのなかに浮かぶ小さな気泡のような北朝鮮の〝国営貧困〟とのあいだの圧力の差はまさに両極端で、このままこれ以上続くことはないだろう。北朝鮮体制内での軋轢《あつれき》や緊張も、それこそ毎月のようにその著しさを増しているではないか。

この障壁がどのようなかたちで壊れるのか予測はまだできないが、いったんその事態になれば、世界中にきわめて重大な影響を及ぼすことだろう。その大詰めが軍事的暴力による戦いにでもなったら、グローバルな大惨事になるにちがいない。韓国が北朝鮮をそっくりとりこめば中国が恐慌をきたすだろうし、隣りあった北東アジアのふたつの国のあいだに、さらには中国とアメリカのあいだに、深刻な対立を生むことになるかもしれない。反対に、このところなかなか強硬になっている中国の後押しをうけて北朝鮮内で政変がおこれば、世界が中国を見るときに感じる不安感がいや増すだろう。この緯度線をエミリー・ケンプはなんの雑作もなく越えたが、その一九一〇年当時と同じく、現在の北東アジアは、未来がどちらにも――紛争のほうにも、調和のほうにも――転がりうる状況にある。単一の大国による制覇に向かうかもしれないし、多くの国が協力しあう方向にいくかもしれない。どちらに転がるにしても、それはこのライン上で決するのだろう。

兵舎の外に出ると、交代する衛兵のブーツの下で地面が軋んでいる。それから、どこか遠いところから、雷鳴にも似た軽い轟《とどろ》きが聞こえてくる。射撃訓練の音だ。でもそれはあまりに遠くて、どの方角から聞こえるのかも、どちら側が撃っているのかも、まったくわからない。

▼無人の駅

そのちょうど一週間後。わたしは分断線の南側、リさんが指さした木の繁る丘の上に立って、世界一高い掲揚ポールを見下ろしている。旗は一週間前と同じく垂れさがったまま。お天気が崩れて、雨が容赦なく降りつけ、掲揚ポールは水のベールのむこうにかすんでいる。ＤＭＺを貫いて流れるイムジン河の上にも、韓国から開城工業地区に向かって走る幹線道路の上にも、霧が渦をまいている。

自動車でまっすぐ行ったら、青い兵舎から今立っているここまで一〇分ほどしかかからないだろう。しかし現実には一六〇〇キロメートル以上旅をして、わたしはここにいる。自動車と列車を乗りついで八〇〇キロメートルほど離れたハルビンに戻り、ハルビンから同じくらいの距離をソウルまで飛行機で飛び、それから、今朝、観光バスに乗って、ほかの観光客といっしょにここ韓国側ＤＭＺ展望台に運ばれてきた。

この見学ツアー参加者のほとんどが経営研修コースの学生である。上海とソウルとシンガポールでそれぞれ一学期ずつ実施される三学期制の多国籍コースで研修中の、元気で熱心な学生たち。バスのなかにはすっかり〝グローバル化〟したインド英語やシンガポール英語に朝鮮語と中国語が混じった甲高い話し声がとびかっている。添乗員のユンさんは北朝鮮でガイドをしてくれたリさんとほぼ同じくらいの年格好だが、黒いパンツにオレンジ色のセーターと、服装はずっとカジュアルだ。そして、非の打ちどころのないイギリス英語を話したリさんと違って、ユンさんの英語はまぎれもないアメリカ英語。

「朝鮮戦争がいつあったのか知ってますか?」ユンさんが参加者に訊ねる。訊かれたほうは沈黙したまま。みんな朝鮮戦争のことは聞いたことがあるが、その時期や細部についてはほとんどの人がおぼつかない。ユンさんが説明する。

「第二次世界大戦が終わったとき朝鮮は分割されました。ドイツもふたつに分割されましたが、ドイツと朝鮮のあいだには大きな違いがあります。どういう違いかわかりますか?」

みんなして首を左右に振る。

「ドイツは戦争を引き起こし、そして負けました。だから分割されたのです。でも朝鮮は戦争なんか起こさなかったし、負けてもいません。日本の植民地だっただけです。どうして朝鮮が分割されて、日本は分割されなかったのでしょう?」

　この問いかけに答は求められていないようだ。

　南側からのＤＭＺツアーのハイライトは北朝鮮からの侵入トンネル見学である。わたしたちが訪ねたのは北朝鮮が掘った四本のトンネルのひとつ。どうやらベトナム戦争中にベトナム共産党軍がつくった地下ネットワークのむこうをはったものらしい。ユンさんによれば、韓国側に発見されたとき北は、それは閉山になった炭鉱だ、とごまかしたそうだ。トンネルの入口を警備している韓国兵は、北朝鮮で同じような任務に当たっていた兵士と同じくらい若くて緊張しているように見えるが、ずっとふっくらした穏やかな顔をして、眼鏡をかけている。そういえば、とわたしは気づく——北朝鮮を旅しているあいだ、眼鏡をかけた兵士はひとりも見かけたことがない。

　トンネルの入口近くに韓国側の統一モニュメントがある。平壌の南端にあった巨大な構造物と較べれば、こちらはずっとつつましい大きさだ。銀色の金属アーチの下に四人の人物——男女ふたりずつ——がいて、ふたつに割れた地球の断面を合わせようと力いっぱい押している。その断面には分断された朝鮮半島のレリーフが見える。

韓国（DMZ付近）の統一モニュメント

あたりは一面の森林。ジャスミンや藤の花が咲き誇っている。濃い緑の松葉から、若緑のオークの葉から、雨のしずくが落ちる。板門店の方角を眺めていると、イムジン河の南岸の深い森から白鷺が一羽ゆったりと飛びたち、分断線を越えてのんびりと北に向かって飛んでいく。

このツアーの最後の見学地は都羅山《トラサン》駅。かつて平壌経由でソウルと新義州を結んでいた鉄道の駅のひとつで、エミリー・ケンプもこの鉄道をつかって朝鮮を南下したのだった。今、韓国人や外国人の観光客の声がピカピカのガラスとスチール製の新駅舎の高い天井に反響して、金属製の屋根をひっきりなしに叩く雨音と競いあっている。切符売り場があり、壁面高く見事な色刷りの地図が掲げられている。路線を示す赤い細い線が朝鮮半島をくねくねと進み、国境を越えて中国に入り、さらにシベリアへ、ウラル山脈を越えてロシア西部へ、それから分岐して、北向きはサンクトペテルブルクへ、南向きはリスボンへ、真ん中の線はロンドンへと、それぞれ延びている。

たったひとつこの駅に欠けているのは——列車だ。

二〇〇七年に分断線を貫く路線が開通してから、貨物列車が定期的にここを通って、開城工業地区へ、そして開城工業地区から、貨物を運ぶはずだった。さらには、路線が平壌まで、その先へと、だんだんと延びるだろうという期待も大きかった。しかし今、そうした期待は行き止まり状態だ。都羅山は再び終着駅になった。

駅構内に韓国の平和団体が展示スペースを設けていて、布にステンシルであなたのメッセージを染めて、ここにいっしょに並べて、メッセージをどんどん増やしましょう、と観光客を誘っている。統一についてどう考えているのか、とユンさんに尋ねると、なかなか興味深い答がかえってくる。

「統一できればほんとうにいいだろうなと思うけれど、すぐに実現するとは思いません。じつはわたし、金正日が死ぬのを待っているんです」——そう言って笑う。

「あの人が死ねば状況が変わると思います。でも、たぶん、相当な混乱があるでしょうね。あの人が死んだときに混乱が起きるのなら、それはそれで心配です」ちょっと考えこむ。「それに、こっちでは、北朝鮮なんか面倒だと思っている若者が多いでしょう。どうでもいいんです、若者にとって。北朝鮮を援助するために税金を払うのは嫌なんです。だから、ほんとうのところ統一に関心はない……」

境界線から南下してソウルに戻る道すがら、あたりの風景の緑の豊かさに驚かされる。ほんの数マイルむこうでは、どの山もほとんど裸なのに、こちらでは豊かな森におおわれている。風景を横切って巨大な送電線の鉄塔が連なり、首都に向かうハイウェイが幾筋もからみあい、そこを車の列が途切れなく流れていく。それでも、北を見てきた目には、田畑には奇妙なくらいひとけがない。トラクターが一台水田を耕している。黒いビニールでおおわれた何エーカーもの土地があちこちにひろがっている。野菜か朝鮮人参の畑なのだろう。白と灰色で統一された平屋が身を寄せ合っている北朝鮮の村落と違って、韓国の村には、伝統的な朝鮮式家屋からアメリカ南部の農園屋敷もどきまで、ありとあらゆるスタイルの家がひしめきあっている。屋根と屋根のあいだから赤い煉瓦造りの教会の尖塔《せんとう》がすっと伸びているのもよく見かける。

道路は泥水が静かに流れるイムジン河を渡り、それから南岸に続く有刺鉄線の高いフェンスに沿って走る。一定の間隔で監視所があって、ほんものの兵士が詰めているところもあれば、厚紙を切り抜いた人型が警備についているだけの監視所もある。想定される北からの侵略への防衛としてはなんだか奇妙だ。

エミリー・ケンプは「ヴェニスとは違って、ソウルには暗くなってから近づくものではない」と書いている。もちろん、バスの窓に雨が激しくうちつける陰鬱《いんうつ》な春の日でもそれは同じ。漢江《ハンガン》の対岸の高層ビル群が霧のなかから姿をあらわしたり、また霧のなかに消えたりするなかで、わたしたちのバスはスパゲッティのようにからまった高速道路に入り、即座に渋滞につかまる。

それでもとうとう下町に着いて、梨泰院《イテウォン》地区の真ん中でバスから降ろされる。通りには安手の服や靴、土産物を売る極彩色の店や屋台がぎっしり並んでいる。わたしはお昼を食べそこなっていたし、寒いしで、ビビンバが食べたくてしかたない。野菜や肉や米、胡麻油《ごまあぶら》、唐辛子がいっしょくたになった、朝鮮料理の代表ともいうべきあのあたたかい食べ物。でもこの通りで売っているのは、ハンバーガー、カリフォルニア・ピザ、〝サブウェイ〟のパンくらい。梨泰院のすぐ隣が龍山《ヨンサン》米軍基地だから。ソウル中心部の二四〇ヘクタール以上を占めるこの基地は、上部に有刺鉄線を張った塀をぐるりと巡らし、その内側には、かつて植民地占領時代に日本軍が使っていた大きな煉瓦造りの建物の黒い屋根がかろうじて見える。そこは今、在韓米軍本部になっている。

一世紀前にエミリー・ケンプが龍山を訪れたとき、ここはソウル城壁の外側にできたばかりの郊外だった。その格子状にまっすぐ走る道路は（朝鮮の町の曲がりくねった迷路と著しいコントラストをなして）日本軍や当時すでに朝鮮の鉄道システムを支配していた植民地統治鉄道の幹部の便宜を図って建設されたものだ。満州と同じくここでも、軍と鉄道会社は手を携えてやってきたのだった。

アメリカの軍隊は一九四五年にソウルに入り、撤退していく植民地統治者たちの残したスペースにするっと滑り込み、以来ずっと留まったまま。

平壌からやってきたばかりの身としては、一瞬、北朝鮮のプロパガンダの暗い恐怖がそっくり実証されたかのような思いにとらわれる。祖国解放戦争勝利記念館のあの制服のガイドが、あの優しい声で、諭すのが聞こえてくるような気がする——「ほらね、言ったとおりでしょう？　南の抑圧された人たちは傀儡《かいらい》支配者たちによって、侵略者アメリカの帝国主義武力侵略にすっかり屈服させられていますね」。

米軍基地から通り一本を隔てて、韓国の戦争記念館がある。北朝鮮のそれと同じくらい広大な博物館だが、そこで語られる物語は細部がさかさまで、まるで鏡の国のアリスのような気持ちになる。記念館の前庭には大理石のモニュメントがあって、朝鮮語と英語で〝Freedom is not Free〟と彫ってある（英語のほうが朝鮮語よりダブルミーニングがくっきりする）。さらにその近くに巨大な米軍爆撃機B－52が置かれていて、どうやらこれがもっとも人気の展示物のようだ。

記念館のなかでは、子どもたちが雨の土曜の午後を最大限有効にすごしている——が、（わたしが最初に思ったように）朝鮮戦争の痛ましい記憶を追体験しているわけではない。ほとんどの子が地下でおこなわれている〝きかんしゃトーマス〟のスペシャル・イベントに惹《ひ》かれてやってきたらしいとわかる。歓喜のあまり奇声をあげながら床をはいずりまわって、ソドー島に敷かれた曲がりくねった木製のレールの上をサー・ハンデルや港のディーゼルのソルティーを走らせている。

祖国解放戦争勝利記念館のガイドがこれを見たら、いったいどう思うだろうか……。

第七章　殺された王妃の宮殿――ソウル

▼時の手

エミリー・ケンプとメアリー・マクドゥーガルはソウルでは〝ミス・ピンダーの宣教師宿泊所〟に滞在した。夜遅くソウルに到着して、明りのほとんどない石畳の通りを休息所まで人力車で揺られていったふたりは、翌朝目覚めて、爽やかな春の光のなかに、「黄金《こがね》から、鋼《はがね》へ、そして藍《あい》へと、一日のなかでも時間によって色を変えて、そびえたつ花崗岩の山」にかこまれた市街を見たとき、いたく喜んだ。

その朝はなによりもまず町の中心部にでて、景福宮へとつづく中央大通りを歩いた。当時のソウルは東西三キロメートル、南北二・五キロメートル、狭い路地が曲がりくねった迷路のような町だった。その町をかこんでいた、ところどころに大きく門を切った高い石垣はすでに

「急速に消滅していて、じつに俗っぽく醜い日本家屋の建材にされて」いるとケンプは書いた。中央大通りに沿って台座にのったさまざまな生き物の石像が並んでいたが、通りの両側の朝鮮の古い役所の建築物はしだいに姿を消して、代わりに植民地統治者の新古典主義様式の建造物ができつつあった。

大通りのつきあたりに景福宮の入口、光化門がある。王の徳がここから領土一帯に輝きわたるとされた光化門。その門を入ったとたん、ケンプとマクドゥーガルはじぶんたちが魔法の世界に、それも、消えゆきつつある世界にいることを悟った。宮殿建物の色褪せた塗装の淡い緑や青が、松の木の濃い緑と、さらにその後ろの墨絵のような山の輪郭と、コントラストをなしていた。「グロテスクな怪獣たちが今にも飛びこみそうに水の上に身をのりだしている」濠を石造りの太鼓橋で渡って、謁見所に向かう。みごとな装飾の天井で知られるこの勤政殿の前の石敷きの広場に、石の標しが何列も整然と並んでいるのを見たケンプは「まるで一里塚のよう」と書いた。王の謁見のさいに、廷臣たちがそれぞれの身分に応じて立つべき位置を正確に示す標識である。

ふたりはなににも邪魔されずに、王の私的な生活の場である宮殿に向かって、次から次へと現われるいくつもの庭園を抜けてゆっくりと歩いていくと「遊びの場」に出た。これは塀にか

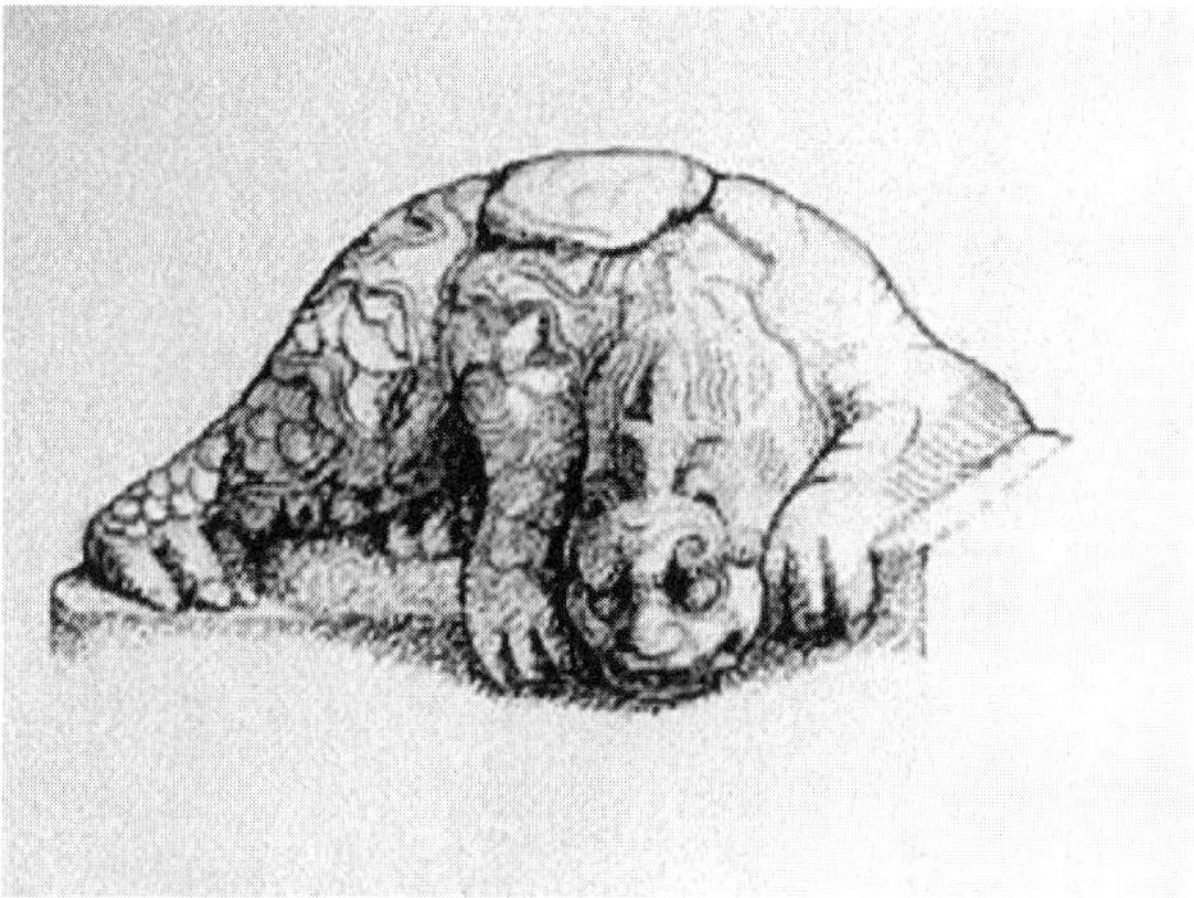

景福宮の怪獣の石像（サンディ画）

こまれた庭園で、大きな池が静かな水をたたえ、その中心に夏の楼があった。楼から水際までおりる階段があって、蓮《はす》の葉陰の深い水を金魚がすべるように泳いでいた。それでも、あらゆるところに「時の手が過酷な跡を残していて、塀は崩れ、階段はかしぎ、煉瓦はもろく砕けはじめて……」とケンプは描写した。

ここが明成皇后（閔妃）の遊興の庭園で、この先にその妃が殺害された現場があった。

この宮殿に居住した最後の王、李朝《りちょう》の高宗（その後格上げされて一八九七年に皇帝になった）の統治時代は、長かったと同時に多難だった。一八六四年に一一歳で王位に就いたとき、外界による侵入はもはや無視できないところまできていて、李朝朝鮮は危険な板挟み状態に陥っていた。清朝中国と属国関係にあったために、外の世界といかなる関係を結ぶにしても事前に清に諮《はか》ることになっていたのだが、肝心のその清が帝国主義列強に挑戦をつきつけられ、その対応にぶざまにあがいていた。もはや自らが中心ではなくなった世界に――外交が国際協定やら治外法権といった奇妙な駒を操らなくてはならない西洋チェスと化した世界に――いかに順応すべきか、中国は試行錯誤を重ねながらのろのろとしか学べずにいた。

日本とロシアが、清の周りをまわる軌道の外に朝鮮をおびきだそうと競っているなか、王の宮殿では、これまで用心深く守ってきた自らの特権的身分に影響が及ぶのを恐れる、保守的な両班《ヤンバン》階級が、革新の努力を邪魔していた。こうした外圧と内部からの力がいりまじって爆発寸前の状態にあったために、朝鮮王朝最後の数十年はクーデター、反クーデター、陰謀、暗殺、侵略にひきさかれた。

高宗は温厚で思いやりがあったが、同時に、操られやすい人だった。王族のなかでも傍系の分家の出で、先代の王が後継ぎを残さずに死去したために空いた玉座を埋めるべく選ばれたのだが、王位に就いてから最初の一〇年間は、実の父親で、大院君である、支配的な興宣の陰におかれた。この間、父も息子も、儒教の教えに基づく改革によって危機にひんした朝鮮王国の力を立て直そうと努力したのだが、一八七〇年代になると、宮廷政治を動かす新たな勢力が加わっていた。強靭《きょうじん》な意志をもち、政治的に明敏な、美しい高宗の妻、閔妃である。

閔妃はさまざまな語り草になっている（韓国で最初に作られたブロードウェイ式ミュージカル *The Last Empress*『明成皇后』のヒロインにもなっている）。演劇関係者だったイギリス人のルイーズ・ジョーダン・ミルンは、一八九〇年代にソウルに旅して、このたぐいまれなる女性についてじつに示唆に富む記述を残している。

妃は青白い繊細な顔をしている。とくに目を引くのが、狭いけれどもいかにも意志の強そうな額。それに口元。その色といい、輪郭といい、女らしさといい、そこからこぼれる真珠のような歯といい、じつに素晴らしく、口調はあふれる音楽のように甘美である。原則として、高価な素材を使った、黒っぽい地味な服装をしている。この点では高貴な生まれの日本婦人のようだ。スタイルも、朝鮮女性のそれよりも日本人の衣装のようである。髪は真ん中で分けて、ゆったりと髷《まげ》に束ねたり、編んで頭に巻きつけたりしている。宝石は、たくさんではないが、高価なダイヤモンドをつけることが多い。

さらにミルンは、妃は「朝鮮でもっとも力のある朝鮮人」であり、「妃のスパイはあらゆるところに行き、すべてを見、すべてを報告している」とも書いている。

閔妃は正式な教育はほとんど受けていなかったが、政治、歴史、科学の書物を貪るように読んだ。有力なヤンバンの家柄の出で、親族たちは妃を通して権力をふるおうとした。しかし、宮廷の派閥争いや、一九世紀朝鮮の周囲で渦巻いていた国際政治の風をかいくぐって、うまく立ちまわることを習得したのは、結局のところ妃自身だった。一八八〇年代に義父の大院君が政治的復活を試みたときには、妃とその擁護者たちは中国軍を国内に引きこんだ。大院君はその中国軍にあっさりと逮捕され、連行されて、一時的に中国に監禁された。その一方で妃は、女子教育を支援したり、朝鮮の文官を日本やアメリカに送りだして世界の動向を学ばせたりしながら、古き覇権国中国と新たな勢力であるロシアや日本とのあいだを巧みにかいくぐって、慎重にことを運ぼうと努めた。

打ち捨てられた高宗と閔妃の宮殿をケンプが訪ねたときは、妃の非業の死から一五年たっていた。小額の拝観料を払うこと、きちんとした身なりであること、敷地内で鳥や魚を獲らないことなどを条件に、宮殿の門は一般の拝観者に開かれていた。しかしケンプは、王室とごく近い関係にあったある友人（名前は挙げていない）からの情報のおかげで、閔妃の時代の宮廷の女たちの生活についてきわめて鮮やかな描写を残している。その記述するところによれば、宮殿に暮らしていた何百人という女官たちは、九歳か一〇歳で選ばれて修業にはいる伝統だった。「絹の白い上着と藍色の長いスカート」を着け、子どものときはお下げにしていた髪を成人するとうなじで束ねて髷にまとめた。

宮殿の一日は遅く始まった。正午に御起床を知らせる太鼓が轟くと、中庭には人びとが「まるで蜂《はち》の巣のように」群がった。緑青《ろくしょう》色の長衣に胸当てをつけた廷臣たちが謁見の準備をし、女官たちを供に従えた王室の女たちが王に敬意を表わすためにやってくる。日没になると宮殿の門には閂《かんぬき》がわたされ、王の特別な許可がなければいかなる者も出入りを許されなかった。しかし城壁の内側にはランタンの灯が揺らめき、国政が継続された。なぜなら、夜になってはじめて、王はその助言者たちと、王妃は、蓮池の上の楼の先にある王妃の住まいでその助言者たちと、それぞれ協議に及んだのだから……。

しかし一九一〇年にはこうしたすべてが消えていた。宮殿のたくさんの中庭はすべてからっぽで、賑わいはどこにもなかった。ケンプは、名を明かさない「朝鮮の紳士」のおかげで、残っていた数名の制服姿の廷臣のひとりを描くことができた。ひょろりとしたこの人物は一九一〇年八月――それは朝鮮最後の王が王位を失った月だった――に出版されたケンプの本の深緑色の表紙に型押しされている。

▼景福宮

ケンプとマクドゥーガルがソウル滞在初日に歩いた大通りを反対に行った端に、わたしたちのホテルがある。目覚めて、雨に洗われた空を見れば、ソウルの花崗岩の山は今もまだ光を浴びて黄金色に輝いている。ガラスとスチールでできたピカピカ光るオフィスビルや集合住宅の矩形《くけい》のむこうに、ごつごつした岩山が変わることなく聳えているが、消滅して久しい市壁の外にあふれだした街は今や六〇〇平方キロメートルもの規模にまで広がり、一〇〇〇万人の住人を擁している。

景福宮へとつづく大通りには今も生き物の石像が並んでいるが、その両側に立ち並んでいるのをケンプが見た日本人の建物は歴史に拭いさられて、代わりに韓国の新聞社の本社ビル、ホテル、カフェ、文化センター、アメリカ大使館などが並んでいる。道路を隔てて宮殿のむかい側にあるアメリカ大使館の土色の矩形の塊はコンクリートの塀やレーザーワイヤーで要塞と化し、見たとたん、ケンプの悪口を思いおこさせる――なんとも「じつに俗っぽく醜い」。

しかし、ソウルの中心部そのものは世界でもっとも美しい都心のひとつといえるだろう。大都会の強烈な鼓動が、建物の屋根の輪郭のむこうに聳えるミニチュアの山岳の静けさとコントラストをなす。平壌との違いは圧倒的だ——かの地の沈黙は、ここでは空間の隅から隅まで敷き詰められた音のタペストリーに置きかわっている。車や人の往来の生む喧騒、誘いかけるコマーシャルのジングル、通り過ぎるブティックやカフェ、デパートなどから絶え間なく洩れでてくる音楽の断片（ヴィヴァルディかと思うと、ＢｏＡだったり、レディー・ガガだったり……）。北の妹の暗さを埋め合わせるかのように、ソウルは燃えあがるような光にあふれる——極彩色のネオンや発光ダイオードが、壁面に、液晶スクリーンに、点滅し、流れ、滴り落ちる。

景福宮に向かうわたしのすぐ前を若いカップルが歩いている。ジーンズにスウェットのパーカ、スニーカーにバックパックを背にして、並んで歩道をそぞろ歩いているのだけれど、それぞれがケータイで別々の会話をしている。平壌の通りでは誰もそぞろ歩いたりしない。そぞろ歩きは公園でするもの。しかしソウルでは通行人は絶え間ない誘惑に気をとられたり、足を止めたりする。ウィンドウのなかの凝ったディスプレーのケーキ、朝鮮伝統工芸の紙細工の陳列、シンガポールやロサンゼルスへの超格安航空チケットの広告……。

春のこの朝、宮殿につづく道はまるで障害物競走のトラックのようだ。歩道のあちこちが掘削機で掘りかえされていて、歩行者は穴の周囲にめぐらされたロープに沿ってくねくねと曲がっていかなくてはならない。宮殿のすぐ前の区画がベニヤ板ですっぽり包まれていて、ここは〝ソウルの夢〟に変貌する、と宣言している。韓国の現大統領李明博は以前はソウル市長で、大々的な都市再開発プロジェクトを熱心に推進することで知られていた。光化門も奇妙にシュールな外見をまとっている。門全体が囲われていて、その囲いには伝統的な朝鮮式の城門が、パウル・クレーもどきの、どことなくキュービズム風に色鮮やかに描かれている。宮殿に入るには大きく迂回して、横の通りにまわって塀に沿って歩かなくてはならない。

それでも、宮殿の敷地内に一歩入ると、呆然とする。目の前でありえないことが起きている。時が逆行しているではないか……。

ケンプとマクドゥーガルがいくつもの中庭をへめぐった当時、崩壊しつつあった朝鮮の宮殿建造物は、日本の植民地支配のモニュメントに急速に置き換えられつつあった。正面門の右側には統治当局が日本人男子校を建設していた。「これは朝鮮の自尊心への強烈な打撃だ」とケンプは書いた。しかしその後、それよりさらに激しい打撃が加えられることになる。

一九一〇年までは朝鮮での日本の影響の中心は新しくできた郊外の龍山《ヨンサン》にあったが、併合後は、巨大な新しい朝鮮総督府庁舎がソウル旧市街の中枢に計画された。ドイツ人建築家ゲオルグ・デ・ラランデによって設計されたこの巨大な新古典主義様式の建造物は、新しい支配者である日本の〝日〟の字の形で建てられることになっていた。そしてその用地が景福宮の中央前庭に決まったのだった。膨大な費用をかけて一九二六年に完成した五階建てのこの朝鮮総督府庁舎は、景福宮の残骸を矮小化《わいしょうか》したばかりでなく、宮殿の背後の山から市の中心に向かって流れると考えられていた風水の気を遮って、立ちはだかる石壁にも見えた。美しい光化門は解体され、新しい権力の象徴の片隅の、目立たない場所に移築された。

建築物によるこうしたこれみよがしな仕打ちには一部の日本人も失望した。著名な哲学者で日本民芸運動の創始者でもあった柳宗悦《やなぎむねよし》は取り壊されようとしていた楼門を嘆いて、感動的な一文を書いた。

光化門よ、光化門よ、お前の命がもう旦夕《たんせき》に迫ろうとしている。お前がかつてこの世にいたという記憶が、冷たい忘却の中に葬り去られようとしている。どうしたらいいのであるか。私は想い惑っている。酷《むご》い鑿《のみ》や無情の槌がお前の体を少しずつ破壊し始める日はもう遠くはないのだ。

柳宗悦もエミリー・ケンプも、今日の景福宮を見たらさぞ驚くことだろう。朝鮮総督府庁舎の建造にひけをとらず大胆で、かつ政治的な、〝建築による意見表明〟がなされ、植民地支配の物理的遺物を完全に除去し、景福宮を朝鮮王朝の栄光へと蘇らせるプロジェクトが韓国政府によって実施されたからだ。少なからぬ議論の結果、韓国国立中央博物館として使われていた旧朝鮮総督府庁舎は、日本による植民地支配からの解放五〇周年を記念して完全に撤去されることが決まり、この建物は地上からきれいさっぱり拭いさられた。

今日、植民地支配侵略者の痕跡は跡形もない。そのかわり、勤政殿の前で怪獣の石像がふたたび濠の底をのぞきこんでいる（濠に水はないのだけれど）。そしてあたりは歴史のフィルムが高速逆回しになっているかのような様相を呈している。エミリー・ケンプが目撃した、朽ちはて、崩れていた建物たちが、今ふたたび地面から起きあがり、褪せていた色が新しく鮮やかに輝いている。

濠にかかる橋を渡って大きな門をくぐると、謁見の間である勤政殿の前庭に出る。石敷きの広々とした広場にはエミリー・ケンプの見た「一里塚」が再び出現している。勤政殿の階段をのぼれば、庇《ひさし》に凝った装飾がほどこされ、さまざまな色合いの緑や青がむこうの山の黒っぽい松の林を背景に光り輝いている。勤政殿の内部を覗《のぞ》けば、四方からせりあがる天井の頂点高く舞う金色の龍の意匠にケンプと同じように感嘆することも、玉座の後ろの衝立《ついたて》の絵をつくづくと鑑賞することもできる——王の人格に具現される自然力の象徴である太陽、月、五霊山と、そこから終わることのない流れとなって落ちる二本の滝を描いた絵を。

すると、ほら、緑青色の絹の長衣に胸当てをつけた廷臣たちがやってくる。エミリー・ケンプの本の表紙から抜けだしてきたかのようだ。石敷きの広場を進む廷臣たちの行列の後に、深紅や黒の長袖の長衣をまとい、位階の違いを示す被《かぶ》り物《もの》や飾り帯を着けた人たちが続く。たしかに、トランシーバーを腰に下げている人も何人かいるし、（きょうは風が強いので）コンタクトレンズにごみが入ってしまって半眼の涙目で歩いている人もひとり。それでもみんな、貴族らしい威厳ある風貌に、落ち着いた真面目な顔で、かつての朝鮮王朝時代の再現を演じきっている——学童の群がクックッと笑いながら顔のすぐ近くにケータイをつきだしても。男たちの後ろからは、緑青色や藍色のスカートの女たちが、両手を組んで、編んで結いあげた凝った髪型の頭をしとやかに垂れて歩いている。そして、大きな絹のパラソルをさしかけられて、王妃が行く。髪をうなじで束ねて髷に結い、お付きの女官たちより華やかなスカート姿。

この行列の後をついて中庭から中庭へとめぐっていくと、閔妃の蓮池にでる。池の真ん中に石橋で岸とつながった島があって、そこに小さな二重の塔のようなあずまや（香遠亭）が丁寧に再建されている。風が吹いてきて、蓮の葉をめくり、あずまやから水に下りる階段にとまっている白鷺の羽毛を逆だてる。

蓮池のむこう、宮殿敷地のいちばん奥まったところに、新しく復元された伝統的な朝鮮様式の建物がある。壮大な勤政殿とは違って、この簡素な建物は白木と石と白い漆喰でできている。格子のはまった入口から入ると広い中庭がある。宮殿の前のほうに群がっていたたくさんの人たちはここまでは来ず、わたしはひとり陽をあびて座り、塀に沿って植えられたコスモスを分けて吹き抜ける風を見ている。空には静かに風の波にただよう鷹《たか》が一羽。

建物は新しいけれど完璧な復元で、この場所はかつてとまったく変わらない。ここが、閔妃の殺害された場所。

閔妃の死という結末に至ったこの出来事は、その発端が一八九四年にまでさかのぼる。その年、不満を抱いた庶民による半ば宗教的、半ば政治的な、東学農民運動（その六年後の中国での〝義和団の乱〟と似ていなくもない）が朝鮮全土に吹き荒れた。その東学運動を抑えるために清が軍を送りこみ、日本は、中国が朝鮮半島での支配権復権を狙っているのではないかと恐れて、こちらも対抗して軍隊を派遣した。この日本軍がソウルから北上して平壌を攻略し、さらに鴨緑江《アムノックカン》へと進み、河を渡り、中国に壊滅的な打撃を与えた。

一八九五年半ばには朝鮮における日本の軍事的・政治的影響力はとてつもなく増強されていた。日本の在朝鮮公使三浦梧楼《みうらごろう》は独立心の強い閔妃の力を殺《そ》ぐことに腐心し、王妃と閔氏一族からうけた屈辱に仕返しをしたがっていた大院君に接近を試みたりしていた。一八九五年一〇月八日、日本公使館衛兵や、いわゆる大陸浪人たちを中心とした一団が宮殿に押しかけた。先遣隊が梯子《はしご》をかけて塀をよじのぼり、内から門を開け、残る一団が宮殿に駆けこみ、庭園から庭園へと閔妃を追跡し、寝所に追いつめた。そうして、エミリー・ケンプが書いているように、王妃とその従者は「刃にかけられた」。王妃の遺体は近くの小山まで引きずられていき、そこで灯油をかけられ、焼かれた。

この暴挙の酷さに衝撃が国際的に広がった。日本政府は閔妃を恐れていたかもしれないが、その日本政府にしても、妃がこのような無残なかたちで排除されるとは予想していなかった。この殺害の首謀者は裁判にかけられたが、証拠不十分で無罪放免となった。この殺害の直接の余波は、日本の利益にとって最悪の事態が生じたことである。高宗は妻に真の愛情を抱いていたらしく、すぐさま日本に背を向けて、ロシアの庇護《ひご》を求めたのだ。一九〇五年に日露戦争に勝利してようやく、日本は朝鮮にたいする支配をふたたび確実なものにすることができた。無力な高宗を退位に追いこみ、息子で親日派だった純宗に譲位させたのである。

ところが、清朝最後の皇帝溥儀は満州国の支配者としてよみがえることができたが、純宗はこのような象徴的な満足さえ与えられなかった。エミリー・ケンプが朝鮮を訪れた四カ月後、朝鮮王朝最後の君主は王座から降ろされ、その後も〝王〟と呼ばれはしたものの、じっさいには景福宮にほど近い東宮に幽閉され、一六年後にそこで死んだ。その後宮殿は一般に開放され、動物園になった。

エミリー・ケンプは閔妃の墓の絵を描いている。墓は市門の外、木の繁る谷のむこうにさらに遠い山々が見わたせる丘の中腹の、静かな場所にあった（その後都市開発によって別の場所に移された）。ケンプは、王妃の酷い死について悲しみとともに記述し、そのときはまだ一九一〇年八月の公式宣言の前だったにもかかわらず、「日本が朝鮮をまだ併合していないかのようなふりをしていると聞くが、じつに馬鹿げている。実質的には併合しているからだ。あらゆることをこの上なく高飛車な態度で支配している……。日本人のなかに朝鮮語を学ぶ努力をする人がほとんどいず、その結果ひっきりなしに誤解が生じているという事実が、この関係の

閔妃の墓（ケンプ画）

苦々しさに追い打ちをかけている」と指摘した。

それにもかかわらず、平壌と同様ここでも、植民地主義や近代化についてのケンプの気持ちは曖《あい》昧《まい》だった。外国が存在することの利点を無視できず、最近ソウルで起きたコレラの流行が「日本人の見事な奮闘」によって素早く鎮静化した、と書いた。そして、いくらか切なげに、ではあるが、あらゆるところに希望のしるしを探した。「今が移行期であることを忘れてはならない。そして、日本政府が混乱を生みだしてきた者たちを辞めさせて、もっとましな役人たちを権力の座に据えるという好ましい努力をさらに続けることが強く望まれる」

朝鮮は「ほんとうに乳と蜜の流れる国で、気候もすばらしく、良き統治がなされれば、この上なく幸せで栄えるはずだ」と、ケンプはくりかえし述べている。

▼寺の再建

メインストリートから玉砂利敷きの細い路地に入って、低い瓦葺きの屋根と古びた煉瓦塀に挟まれて歩いていく。ほんの一瞬、現在のソウルから一歩外に踏みだしたかのような気がする。経済格差の広がりや不況にもかかわらず消費経済が野放しに泡だちつづけるソウルではなく、城壁にかこまれた一九一〇年の町にいるような気が、ほんの一瞬……。

わたしを案内するのは平和団体で働く元気な韓国人の若者。前にたって、迷路のような小路を自信たっぷりに進み、とある狭い階段を下りて、地下の事務所に入っていく。入口に〝大韓仏教曹渓宗民族共同体推進本部〟とある。

灰色の僧服のいかめしい僧侶《そうりょ》に迎えられるとばかり思っていたが、気がつくとわたしは三〇代後半と思われる優しそうな男の人ふたりと握手をしている。ひとりはジャージの上下、もうひとりはおしゃれなスキージャケット姿。パクさんとハンさんである。小さな事務所の真ん中で加湿器が静かに蒸気をあげ、そのそばで明らかに出産間近の女の人がキャビネットのファイルを整理していた。わたしたちは低いテーブルをかこんで人参茶をすする。ここで目につく仏教らしきものといったら、ハンさんが話しながら両手に巻きつけている木の数珠だけ。

それでもこの地下事務所では、目をみはるような計画が進行中なのだ。景福宮の再建よりもっと大胆な、歴史的再建計画である。


エミリー・ケンプが朝鮮にやってきたころ、金剛山中《クムガンサン》には三〇以上の僧寺と尼寺があって、その最古のものは六世紀までさかのぼることができた。高い山峡にひっそり隠れている小さな木造の、隠遁《いんとん》小屋とたいして違わない寺もあったが、多くは――とくに四大寺であった楡岾寺、表訓寺、神渓寺、(なかでも最大の)長安寺のように――朝鮮各地や中国はもとより、インド、トハリスタン、さらに遠くから集められた宝物であふれる、立派な仏教建造物だった。

金剛山の寺を訪ねた外国人のなかには、その美しさを表わすことばを探してすっかり詩人になる人が多かった。アメリカのジャーナリストで中国革命の支援者だったヘレン・フォスター・スノウはここを「東アジアでもっとも美しい山地のひとつで、紀元五一三年以来の仏教の聖地」と呼んだ。版画家のバーサ・ラムは金剛山中を歩いていて、とある小川を渡ると「ある寺の境内にでたのだけれど、その類稀《たぐいまれ》な素晴らしさに、わたしはこれ以上先に行きたくない、死ぬまでここにいたい、と思った」と記している。これが長安寺だった。ラムはつづけて書いた――「本堂はオリエントで見たなかでもっとも驚くべき寺である。なかに入って目を上げれば、これほどまでの彫刻と色彩を考案すること、そして考案したものを実現することが、いったいどんな人間にできたのか想像すらできない」。お高くとまったところのあるカーゾン卿でさえ、あまりに心を動かされて、「目に訴える美しさを愛《め》でる者にとって、これらの禁欲的な隠遁所ほど魅惑的なものはほかのどこにも見つけられない」と称えたのだった。

北朝鮮の地図は現在の金剛山中に〝長安寺跡〟と記している。かつての栄光をとどめるのは数個の礎石だけだからだ。朝鮮戦争中、金剛山全域が激しい戦闘の場となった。長安寺は北朝鮮側によって捕虜収容所にされ、一時は七〇〇人から八〇〇人の韓国人と七〇人から八〇人のアメリカ人が捕虜として悲惨な状況で収容されていたという報告がある。ある目撃証言によれば、長安寺から近くの別の収容所に向かって行進させられていた捕虜のなかに、栄養失調から倒れて死ぬ人が何人もいたという。戦争が終わったときには、(危なっかしげに崖にへばりついているあの驚くべき普徳庵のような)史跡がわずかに残ったが、金剛山四大寺は一山が残っているだけだった。

北朝鮮側の説明では、それらの寺は米軍の爆撃で破壊されたそうだ。この声明を裏づけるものも、否定するものも、わたしには見つけられない。しかし、イタリアのモンテ・カッシーノ、ドイツのドレスデン、イギリスのコヴェントリー大聖堂など、その破壊が今もって戦争と文化をめぐる熱い論争を呼ぶのに比べて、アジアでもっとも偉大な仏教美術に数えられるこれら寺院の破壊の責任についていかなる論議も起きていないのは、なんとも理解しがたい。

しかしパクさんとハンさんの関心は過去より未来にある。ふたりの夢は金剛山の寺の再建にあるからだ。大韓仏教曹渓宗民族共同体推進本部は（このあたりさわりのない漠然とした名称にもかかわらず）南北の仏教協力推進のための組織なのだ。曹渓宗は韓国で最大かつ最強の仏教宗派のひとつで、政治への積極的かつ複雑な関わりで知られている。

曹渓宗の南北協力活動は一九九〇年代に始まり、民族共同体推進本部は二〇〇〇年の金大中大統領の平壌訪問のころに設立された。北朝鮮側でこれに対応するのは〝朝鮮民主主義人民共和国仏教連盟中央委員会〟という組織である。北朝鮮の政府機関で、パクさんの説明によれば、「北の仏教寺院を監督し、僧侶や修道僧の研修をする教育部門をもっている」という。

興味をそそられて、わたしは訊ねる。「ということは、北朝鮮には仏僧は何人くらいいるのですか？」

「よくわからないのです」とパクさん。「連盟の監督下にはおよそ七〇山ありますが、そのほかにもいくつか寺があるかもしれない。たぶん寺は百くらいあるのでしょう。僧は三〇〇人ほどいるかもしれないが、これは推測にすぎません。こちらが訊ねても、北の相手側もはっきりした数字を言えないのです」

曹渓宗では食糧や医薬品の援助もしているが、もっとも力を入れてきたのは北朝鮮の寺の再建と修復である。

パクさんは誇らしげだ。「二〇〇三年には北朝鮮にあるすべての寺の庇を塗り直せるだけの塗料を提供しました。特別な塗料なんですよ。ぴったりの色でなければならないし、塗料も北の極寒の冬に耐えられる堅牢な塗料でなければならない」。そうして手を伸ばして、キャビネットの上から一冊の本を抜きだすと、ページを開いて、提供した塗料で修復された寺のみごとな色彩を見せてくれる。芸術家の目をしたエミリー・ケンプが注意深く名づけた色たち――マザリーン・ブルー（藍色）、マートル・グリーン（緑青色）、ヴェネシャン・レッド（臙脂色）……。

仏教暦二五四五年（西暦二〇〇一年）に民族共同体推進本部と北の相手側とが金剛山に神渓寺再建の計画を発表して、このきわめて野心的なプロジェクトが発足した。神渓寺はこの地域でももっとも古い寺のひとつで、朝鮮戦争中にほぼ完全に破壊されたのだが、寺をかこんでいた石塔や石碑が残っていた。

わたしが神渓寺にとくに興味をひかれるのは、一九一〇年にエミリー・ケンプが金剛山を歩いたときに逗留《とうりゅう》するつもりだった寺と思われるからだ（計画は予定どおりには運ばなかったのだけれど）。

再建のための最初の仕事は、寺の建築上の細部の再現に必要な古い写真や絵をみつけることだった。

「韓国側が技術的な仕事、設計や測量やその他すべてをして、北朝鮮側が寺を建てるための労働力を供給しました」とパクさん。「北朝鮮の連中はコンクリート構造物を建造するための技術的ノウハウはあるんですが、木材で寺を建てる技術はなくしてしまった。そこでこちらの出番というわけです」

現場での作業は、まず二〇〇一年に測量と慎重な発掘作業をもって始まり、二〇〇七年末には完了した。崩れかけた石碑の残骸の周囲に雑草が生い茂るまま何十年も放っておかれた場所に、今では山林を切り開いた敷地に、金剛山の峰々をバックに八棟の堂をもつ立派な伽藍《がらん》が建立されている。二〇〇七年一〇月に落成式がおこなわれ、韓国からも三〇〇人以上の仏教徒からなる代表団が参列した。北朝鮮の仏教連盟からは、目の覚めるような赤と黒の法衣をまとった僧侶をふくむ代表三〇人が参列し、読経や供物奉納、法要を共に執りおこなった。

「現在は北朝鮮の僧侶が神渓寺で常時お勤めをしています。しかし参拝者は少ない。そもそも、ふだんは北朝鮮の人は寺に行くこともできません。以前は金剛山観光リゾートで働く韓国人が何人かお参りしていたのですが、今は観光事業も取り止めになって、リゾートに韓国人はほとんどいなくなりました」とパクさん。

こう聞いてくると、当然の疑問がわいてくる。できるだけそつなく訊かなければ……。

「微妙な問題なのは承知のうえで伺うのですが、北朝鮮の公式な思想は金日成の主体思想、金正日の〝先軍〟政策で、仏教連盟は国の機関ですね。そうなると、北側のお仲間たちはじっさいのところどこまで信者だとお考えですか」

パクさんとハンさんは声をあげて笑う――そう、それは確かにとても難しい質問ですね……。

「でも、答がひとつということはありませんね」とパクさん。「人によって答が違うでしょう。わたしに言わせれば……そう、北と南は長いあいだ互いに接触がありませんでしたね。だからわたしたちにも北の状況を知る機会がまったくなかった。当然、あちらではすべてまったく違います。あちらの仏教連盟は政府機関ですから、あの連中がどこまで仏教を信じているのかはわかりません。仏教徒なんかじゃまったくない、と言う人もいるでしょう。しかしわたしたちとしては、あちらを宗教組織とみなしています」

ハンさんがことばを添える。「最初はたいへんでした。発足当時は、互いをどう呼んでいいのかもわかりませんでした。北朝鮮ではこちらのような僧侶の呼称がなくて、彼らが使うことばはわたしたちにはなんとも奇妙に聞こえましたが、それでも結局は〝スニム〟（師の意）に落ち着きました。これならどちらにもまあまあに聞こえましたので」

夢の次の段階は巡礼である——何千人という韓国人が修復なった神渓寺に大挙して参詣《さんけい》する。ふたりはこれに向けた活動も間もなく開始できると期待している。しかし政治的緊張のために当面は休止状態にある。韓国政府が慎重な姿勢をくずさず、まだ許可が出ていない。

「北と南はいつか統一されるとお考えですか？」辞去しようと立ちあがりながら、わたしはふたりの仏教徒に訊ねる。

返ってくる答はわかっている。すでに何度も聞いてきたことばと同じだろう——概念としては統一を深く望んでいると言いながら、でも、現実問題としてそれはずっと先のことでしょう……。

しかし、パクさんとハンさんの反応にはびっくりする。

「統一にはふたつの側面がありますね」とパクさん。「形と中身です。形は政府の問題です。でも、中身は人びとの問題で、わたしたちはすでに統一しつつあるのです」

ハンさんがうなずいて、もう一歩踏み込む。

「統一はすでに起きています。心のなかではわたしたちはすでにひとつです」

第八章　湾に浮かぶ島々――釜山へ

▼大道芝居

釜山《プサン》に向けてソウルを出発する日。ホテルのすぐ外の広場で一座が演じている。伝統的な朝鮮様式の芝居で、演者たちは曲芸のような動きをする。それに奏者がひとり、クライマックスが近づくと太鼓を激しく連打して、興奮をかきたてる。仮設舞台の中央で、ぶかぶかのズボンと上着姿のおふくろタイプの農婦が、しわくちゃの人差し指を振りたてて、頭にバンダナを巻いた若い男たちに長々と説教をたれている。ときどき脇を向いては観客と意味ありげなひそひそ話をかわすと、大勢ではないが熱心な観客が手をたたき、笑い、当意即妙に応じる。

それはまるで演者と観客がパートナーとなって踊るダンスのよう。語りのリズムに合わせてみんなの体が前に後ろに揺れ、声は広場を吹き抜ける一陣の風とともに渦をまく。ときには通りがかりの人も足を止めて聞き入る――濃いグレーのデザイナー・スーツとブリーフケースの、ソウル中心街のビジネスマン。軽妙なトーンは語られる物語と裏腹だ。これは、独裁からデモクラシーへの韓国の長い道のりのなかでもっとも残虐な転換点となった出来事、あの光州事件の記念日にあたって演じられている芝居だから。

分断国家の悲劇のひとつは、その分断が内部にも敵を生むこと――現実の敵も、想像上の敵も。一九八〇年代まで韓国を支配した一連の独裁政権のもとでは、政治的対立者はすぐさま〝共産主義反乱分子〟のレッテルをはられた。今日の北朝鮮で当局に睨まれれば〝韓国のスパイ〟のレッテルをはられる危険があるのと、それは同じことだった。

経済手腕と強権によって二〇年近く韓国を支配した朴正熙が暗殺された半年後、一九八〇年五月に、新大統領全斗煥《チョンドウファン》によって再び独裁政治が布かれることに抗議して、学生たちが韓国南西部の町、光州《クワンジュ》でデモをした。政府は共産主義者による反乱を疑い、即座に特別部隊二旅団を投入することで対応した。軍は過激で、手当たりしだいに不当な暴力をふるって抗議行動を弾圧しようとした。しかしそれは平和的なデモを小規模市民戦争に変えただけだった。

軍の行為に憤った光州市民の一部が手に入るあらゆる武器をもって反撃に出て、驚いたことに、軍は一時的に撤退を余儀なくされた。しかし、さらに強大な戦力をもって引きかえし、反乱を鎮圧した。この光州事件での死者数は今日に至っても確実にはわかっていないのだが、二〇〇人を超えると推定されている。後に全斗煥大統領がこの虐殺に果たした役割を含めた数々の犯罪を理由に死刑の判決をうけたのだが、減刑され、一九九七年には釈放された。

この晴れた朝、広場の片側に仮設の掲示板が並んで、不鮮明な白黒写真が展示されている。部隊に殴打されているデモ参加者、通りに横たわる血まみれの死体、棺に覆いかぶさって泣く女たち。どれもが今の韓国とは信じがたいほどかけ離れて見える。大道芝居もあれば、活況を呈している電子メディアもある。どこを見ても巨大スクリーンがあって、ロックコンサートから投資銀行までありとあらゆるものを宣伝している。若者たちは、過去の政治的情熱より、ファッション小物やマルチメディア携帯電話のほうに関心があるようだ。

韓国の政治的変化は、内からの民主化として、アジアでももっとも目覚ましい例のひとつである。ユートピア的理想主義と極端な抑圧との組み合わせで、目に見える政治的反対勢力の印をすべて封殺することに成功した北朝鮮とは違って、韓国では、いちばんの暗黒時代でも政権に対する抵抗が生きながらえ、ひとたび独裁の重圧が取り除かれると、エネルギーと創造の力が表面に浮かんできた。

それでも、当然ながら、記憶と緊張の危ない底流は今もつづいている。光州事件にかかわった学生も、軍の兵士も、ほとんどの人が今も存命する。今日のソウルの街では抗議運動が自由かつ盛んにおこなわれる。でも、芝居を見ているひとりの老人がわたしに向かって、たどたどしい英語と身ぶり手ぶりで、それでも心からの怒りをこめて語る——今の政府は、この中央広場を役所の許可する文化的催しの場にして、政治的抗議活動を禁止しようとしている、民主化の潮流は停滞している、後退していると懸念する人もいる……。

光州事件を記念して道路沿いにはためく幕が発するのは、両刃のメッセージ。突きあげられた黒い抵抗の握り拳。だが、その拳には一輪の花が握られている。

▼鉄のシルクロード

北と南の差はそれぞれの首都の中央駅に完璧に具象化されている。平壌《ピョンヤン》駅は一九五〇年代後半に建造された、広大で（外から見れば）堂々たる建物。でも構内には、こだまの響きわたる薄闇のほかになにもない。巨大なホールがたったひとつ、はるか高いところにぼんやり見える屋根に覆われている。列車が到着すると、箱やら袋やらを背負って体を二つ折りにした乗降客の大群が現われ、そして散ってゆくだけ。ほかにはなんにもない。

一方ソウル駅も、外観は同じように堂々としていて、植民地時代の構造にポストモダンの増築。なかはピカピカの灰色大理石造りで、消費パラダイスとなっている。パリ製の宝石からオーガニック・アイスクリームまで並べたショップが旅人を誘惑する。

壁に掲げられたポスターに〝国連シルクロード市長会議〟がソウルと釜山のあいだの平沢《ピョンテク》市で開催されている、とある。ソウルと釜山を結ぶ高速鉄道KTXを運営する鉄道会社KORAILは、この〝シルクロード〟を広告戦略全体に一貫するテーマとして盛大に展開している。ノスタルジアとユートピア的理想主義、それにMBA的言説を奇妙にないまぜにして、KORAILはこう宣言する――「……価値創造、信頼経営の理念を基に〝POWER KORAIL 2010〟のビジョンを持って北東アジアとヨーロッパを繋げる〝鉄のシルクロード〟時代を開こうと……。世界唯一の分断国家という痛みを乗り越えて韓国と北朝鮮の鉄道を繋げ、中国とシベリアを走り越えてヨーロッパに続く〝鉄のシルクロード〟時代を開けていくのがコレールの夢であります」。

大シベリア鉄道の建設者たちや、南満州鉄道の帝国建設者たちを動かした夢が、何十年間の栄枯盛衰を経て、今また生き返っている。

ソウルから釜山までのエミリー・ケンプの旅はどういうわけか二〇時間もかかった。とくにのろのろの汽車を選んだに違いない。いくら一九一〇年でもふつうは一〇時間ほどでこなせる旅程だった。「アメリカ式」の客車の狭い座席での旅は快適とはほど遠かったことは確かだろう。「同じ客車に乗り合わせた小柄で柔軟な体の日本人将校たちでさえ、一等車でくつろぐにはそれなりの創意工夫を要した。乗務員がみんなにスリッパを持ってきて、長靴を脱ぎ、毛布や羽毛布団を広げた将校たちが、二人分の小さな座席に適応しようと努力して姿勢をあれこれ変えているところは、なかなかおもしろい見ものだった」

現在では、KTXのおかげで、同じ行程はたった二時間半。緑色の豪華なシートは座り心地がよく、カヤグム（伽耶琴）がビートルズの〝レット・イット・ビー〟を静かに奏でる車内放送が乗客を迎える。通路を隔ててわたしの隣に座った男の人は、靴を脱ぎ、隣の席に足をのせて、規則正しく鼾《いびき》をかいている。そして釜山に到着する直前に突然目を覚ますと、通りかかった車内販売でコーヒーを買い、ヘーゼルナッツシロップの甘い香りを車内いっぱいに漂わせる。

ソウルはとても長く延々と続く。首都として北にはこれ以上広がれない――北朝鮮があるので。だから南に向かって、郊外の先にさらに郊外と、広がっていく。かつてはソウルの山腹を埋めつくしていた小さな赤煉瓦の二階建ての建物群は姿を消して、パステルカラーの集合住宅建築物の高い頂と谷間に変わりつつある。これらの建築物の群のあちこちに、ちょっと驚くくらいたくさんの教会が散らばっていて、てっぺんにネオンの十字架を載せた尖塔が、およそありえないような場所——デパートや、オフィスビル、スーパーマーケットなどの屋上——から伸びあがっている。韓国は単位人口当たりの教会の数が世界でもっとも多い国といわれている。

ソウルから釜山までの旅路をエミリー・ケンプは詩的に描写している。「南へと旅していくと、土地はしだいに緑を増し、果樹が繊細な花をみせていた。柳の木々の上には繊細な緑色の膜がかかり、山腹のピンクの躑躅《つつじ》が夕暮れの光に輝いていた」。朝鮮半島を南下しながらケンプが見た風景の緩やかな変化は、いまではふたつに分裂してしまった。山の稜線、野の彩り、さらには自然そのものさえ、三八度線を境に鋭く切り分けられている。どこにいても、わたしはこの南の風景を、つい先ごろ旅してきた北朝鮮の風景と対比してしまう。あまりにもそっくりで、こんなにも違う。

この春の朝、ここ韓国では、広やかな水田に風が絹のような皺をよせて、水田と水田の合間には豊かに樹木の茂る丘陵や工業団地が現われ、さらには、どこに行っても見かけるクリーム色と杏色の高層集合住宅が、まるで増殖する茸《きのこ》のように、風景から伸びあがっている。南に下るにつれて両側から山が迫ってきて、（ケンプも記したように）水田が果樹園に変わっていく。ケンプが称賛した果樹や躑躅の花はすでに盛りを過ぎ、代わりに、濃い森の緑のなかに白いア

釜山の港（サンディ画）

1910年ころの釜山港（『韓国写真帖』統監府、1910年）

カシアの花がうっすら積もった雪のようなまだらをつくり、路線の南半分の線路沿いに植えられた蔓薔薇《つるばら》に濃い赤の蕾《つぼみ》がびっしりとついている。しかし大田《テジョン》市を過ぎると、ケンプが知っていただろうような村――瓦葺きの屋根の下端が両側でわずかに反りかえった、煉瓦造りの小さな平屋が寄り集まった、北朝鮮の村のような村落――はひとつかふたつ数えられるだけになる。

釜山に近づくにつれ、高速鉄道は蛇行する広い河に沿って走る。流れのなかほどには茂みのある小島が点々とみえる。このあたりでは土を耕す農民が見える。ちょっと休憩とばかり、野菜畑にしゃがみこんで川に糸を垂らす釣り人たちを眺めている人もひとり。水は深い青緑色で、この旅の出発点だった松花江《ソンホワチアン》の灰色がかった茶色とはずいぶん違う。KTXは地上を走りながら、地面からはあくまで超然として、ネオンのともるトンネルに飛び込んだり、防音壁に挟まれたりしながら、恐ろしくなるようなスピードで風景を駆け抜ける。客車の外では、農夫が野菜の緑色の新芽を愛で、釣り人は魚が食いつくまでのんびりと煙草を吸っている。車内では、ライオンたちが死にかけのアンテロープの脚を食いちぎる――頭上に吊りさげられたビデオ画面にくりかえし映しだされる、南アフリカの野生のドキュメンタリーのなかで。

▼龍頭山

釜山には新しいきれいな地下鉄がある。そのハイテク自動券売機は、わたしのような外国人の力量を試すだけでなく、地元のお年寄りたちにとっても苦労の種のようだ。機械が居丈高にお金を吐きもどすだけで切符は出さない、とぶつぶつ言い、悪態をつき、互いにあれこれと議論を始める。わたしは二駅地下鉄に乗って、釜山港のすぐ後ろにそびえる龍頭山《ヨンドウサン》のふもとで下車する。

エミリー・ケンプとメアリー・マクドゥーガルは釜山に滞在するつもりはなかった。すぐに連絡船に乗りこんで、金剛山《クムガンサン》徒歩旅行の出発点である元山《ウオンサン》まで、東海岸沿いに海上を北上する計画だった。けれども船が遅れて、思いがけずこの龍頭山を見物する時間ができた。ケンプの描写では、ここは「美しく樹木の茂る丘で、日本人の手でとても趣味良く設計されている。枝をさしかける松の木陰に、長い立派な石段が真っすぐ頂上まで延びている。もっとゆったりと頂上まで行ける曲がりくねった小径《こみち》には、魅力的な腰掛けがしつらえられていて、湾の眺めを堪能できる。いくつもの神社が次々と現われて、どこにもひっきりなしに参詣者が来ているようだ」。

土地土地の民俗信仰の混合が国家宗教にかたちづくられた日本の神道は、こののち植民地統治者によって朝鮮人に強制されるようになる。このことは深くて長くひきずる恨みのもととなる。しかしこの文化的同化政策も一九一〇年にはまだほとんど始まっておらず、釜山の神社に群がっていた参拝者たちは日本からの旅行者や釜山市の中心部を占めていた大規模な日本人居留地の住人だった。

ケンプは続ける。「前を通りすがりに軽く頭を下げたり、帽子をとったりするくらいでほとんど注意をはらわない人もいるが、これらの神社は、全体として、かなりの崇敬の念を寄せられているようだ。明らかに日本人は、一部の人がいうよりはずっと強い愛着を自分たちの宗教にいだいている」

ケンプの足跡をたどって龍頭山に登る前にちょっと寄り道をして、狭い石畳の裏通りの食堂に入って、人類の知るもっとも優れた料理のひとつ、サムゲタンを食べる。小ぶりの鶏を丸ごと一羽、それにもち米、高麗人参、干しなつめ、銀杏《ぎんなん》などを詰めて煮こんだチキンスープである。せっかく釜山に来たのだから（釜山は鮑《あわび》が有名なので）、大きな生の鮑も入ったチョンブク・サムゲタンを注文する。

食べながら気がついたのだが、エミリー・ケンプは旅行記のなかで食べ物についてほとんど触れていないのに驚く。この点では、たいていの同時代の西洋人旅行家とは違っていた。たとえばイザベラ・バードは一八九〇年代の金剛山縦断の旅のあいだ、「お茶、米、蜂蜜水、食用松の実、それに、いちばんおいしい組み合わせである松の実と蜂蜜」を食べて暮らして、寺での食生活に馴染んでいったことを描写している。しかし別の場所でバードはその土地の食にぞっとして尻ごみしている。朝鮮の食肉解体は肉のなかにできるだけ血を残すようにするのだが、これを見れば「誰でも菜食主義者になる」と書いた。

一方ケンプは、旅のあいだに摂《と》った食事についてなにも語っていないのだが、ただ、金剛山に向かう途中で泊まった宿で、随行していた案内人たちがどのような食事をしていたかを描写している。「小さな、直径四インチほどの丸い卓がめいめいにあって、その上に大きな真鍮の鉢に盛った飯、水の入った同じような鉢、野菜か魚、そのほか薬味などののった小さな陶器の皿が二、三枚。この小卓はとても気が利いていて、その上で食べ物が魅力的に供される」

龍頭山の山腹を上る急な石段は今では何連かのエスカレーターにとって代わられ、頂上にあるのは神社ではなく、釜山タワー。一九六〇年代と七〇年代に都市計画や観光事業に携わった人たちにたいそう好まれたタイプの、てっぺんに展望デッキとカフェのついた、コンクリート造りの醜いランドマークだ。ソウルのスモッグのあとでは、釜山の大気はすがすがしく、海の匂いがする。頂上には強い風が吹いている。はるか下には釜山の入り江が弧をえがき、島々を抱くように、緑の山々のでこぼこの裾を洗っている。小さな船が紺碧《こんぺき》の水にきらきら光る航跡の刺繍をのこし、そのむこうの沖合では入港を待つタンカーや貨物船が長い列をつくる。

釜山市では開港四〇〇周年祝賀行事たけなわで、タワーの下のほうの階には古地図、絵図、写真などが展示されて、朝鮮の〝世界への門〟としての釜山の歴史を誇っている。この歴史には誇りもあるが、痛みもある。朝鮮はケンプの訪れた年に公式に日本の植民地となったのだが、じっさいには、植民地化のプロセスはその三四年前から始まっていた。この年、精力的に近代化を推し進めていた日本が、西洋列強の拡張主義の範に倣《なら》い、朝鮮にたいして外国貿易に門戸を開くという条約への署名を強要したのだった。

この展示では龍頭山のふもとに住む女の人がボランティアの説明員を務めている。とても達者な英語を話し、来訪者に我が市の歴史を熱心に語る。

「釜山はごく朝鮮らしい港として開かれた最初の港なのです。すでに古くから日本との交易所にはなっていましたが、この港を開いてからは突如拡大しはじめて、日本人入植者の町になりました」

初期の入植者は雑多な寄せ集めだった。当時の日本を席巻していた社会変動の波に居場所を奪われた貧しい農民や元士族が多かった。釜山や元山といった港町入植地のこうした辺境的無法状態のせいで、朝鮮にいる危険な日本人の「放浪者」や「ごろつき」について西洋人旅行者が警告をうけることになったのだった。しかし一九一〇年にもなると、日本人居留地はすでにそれぞれ地元の行政組織や警察をもち、一種の秩序が回復され、入植者たちは釜山の埠頭《ふとう》整備に忙しかった。

壁にかかった古い地図やセピア色の写真からは湾の風景の変遷が見える。入植者たちによって計画された立派で近代的な港のおかげで、日本からの連絡船の乗客はそのまままっすぐ汽車に乗り換えて、ソウルや、平壌、長春《チャンチュン》、ハルビン、さらには大シベリア鉄道でもっと先へと向かうことができた。しかし、歴史が残酷な展開をとげるにつれて帝国が崩壊し、港は別の目的にも役だつことになった。

「こちらは解放後の出来事です」と、説明員は別の列の写真のほうに案内する。「わたしの両親はこの時代のことを記憶していますよ。ほら、ごらんなさい、埠頭に並んだこの人の波を」

日本が太平洋戦争に負けた後の混乱の時代を写したこれらの写真には、巨大な人の波に埋まった釜山港の埠頭が写っている。故国に連れ帰ってくれる輸送船に乗ろうと、必死で押し合いへしあいしている日本人入植者たち。太平洋戦争が終わったとき、朝鮮、台湾、満州をはじめとする失われた帝国の各地から三〇〇万人の日本民間人が帰国し、その一方で、同じくらいの数の朝鮮人が日本や中国から朝鮮半島に大挙して戻ってきた。これも、今日の北東アジアをかたちづくった大きな——しかしほとんど忘れられている——人の流れのひとつだった。

そうした写真を見ながら、わたしの目には一年ほど前に初めて見たひとつの忘れられない映像が浮かぶ。一九四六年初めころ、旅行中のある西洋人カメラマンが釜山港の埠頭で撮影したフィルムにほんの一瞬とらえられたこの映像は、どうやら家族とはぐれてしまったらしい一〇歳か一一歳くらいの日本人の少年。片脚を怪我《けが》していて、包帯をぞんざいに巻いて、ありあわせの松葉杖にすがっている。ぼろぼろの軍服の上着とおぼしきものを着て、足を引きずって、船に向かって桟橋をのろのろ歩いていく。故国に向かう途中ですれちがったカメラに一瞬でも弱々しい笑顔をみせる余裕はある。朝鮮併合からたった三五年後、植民地支配の権力と栄光、ビジョンと暴力は一夜にして消え、残ったのは、あてどない未来に向かって足を引きずっていく、この未熟で、苦しみのただなかにいる人の姿。

▼家の山

〝家の山〟――釜山タワーの別の階に書いてあるのが目に止まる。好奇心をそそられて入口からなかをのぞくと、これはまた別の種類の展示である。ここの壁を埋めつくしているのは、絵画、スケッチ、版画など。どの作品にも、ごく小さな幾何学的図形がごちゃごちゃ重なった上に別のごちゃごちゃが重なり、その重なりが斜面をのぼっていくありさまが描かれている。どれもがありえない、空想の風景のように見える。立体派かなにかの奇をてらった芸術家たちが、想像力を過熱させて創作したものだろう。ところが、タワーのてっぺんにたどりついて市街を見渡したとき、初めてあれがリアリズムだったとわかる。なぜなら、ほんとうに、港より高いところにあるすべての面が、釜山の家の山となって立ちあがっているではないか。小さな四角い建物からなる驚くべきモザイク。ピンク、白、テラコッタ色、翡翠色――さらに小さな黒い四角い窓を模様にした家また家が、樹の茂る頂上をめがけて、急な山腹をのぼっていく。家々のあいだには狭い路地が、斜面が急すぎるところには石段が、走っている。

釜山の家の山はこの市の歴史におけるもうひとつの転換点を無言のうちに証言してもいる。一九五〇年六月から八月、人民軍が三八度線を越えて破竹の勢いで朝鮮半島を南下し、すべてを占領した——釜山橋頭堡として知られた防御線の内側一六〇平方キロメートルの地区だけを除いて。侵攻してくる人民軍の前に大量の流入難民が押しよせ、釜山の人口をそれこそ何週間のうちに二倍にした。戦争の流れが変わると故郷に帰る難民もいたが、戻るべき家を失った人も多かった。

朝鮮戦争勃発から一〇年後、行き場を失った釜山の人たちはまだ「麻袋とドラム缶と踏みつぶした果物缶で組みたて、包み紙や雑誌の内張りで風避けした掘立小屋」（Trevor Philpott）に住んでいた。こうしてできたスラム街が無秩序に広がり、天をめがけて山腹を這《は》いのぼったが、経済成長によって、その場凌《しの》ぎの掘立小屋が小さな煉瓦造りの家に変わり、それがまたコンクリートと漆喰とペンキの四角い建物になった。今では家の山のモザイクができあがった一方で、山裾の谷は、新しい集合住宅やオフィスビルのピカピカ光るタワー群に埋めつくされている。

釜山タワーから出ると、目の前に、この町が逆境に打ち勝ったことを祝っているかのような光景が広がる。一九一〇年の朝鮮だったとしても場違いではないだろうと思える光景でもある。港を見下ろす野外アリーナで、伝統衣装を着た若者の一団が太鼓やシンバルを演奏している。

このコンサートも無料の公共文化イベントで、韓国のあらゆる場所で盛んにおこなわれる。観客は階段状に並ぶ石の座席に座ったり、立って出ていったり自由にできる。熱心に見ている人も、ちょっと立ち止まるだけですぐどこかに行ってしまう人もいる。

ナイロンのチョッキと布製の帽子をつけた、歯が隙間だらけの男――朝鮮戦争をきのうのことのように憶えているはずの年齢だろう――が、隣に座った人に向かっておもしろおかしく演奏を酷評している。「こういう若い連中はだな、太鼓をひょいと持てばすぐに叩けるもんだと思ってる。あいつを見てみろ。あの拍子のとり方はくらげ並みだ！」

近年の朝鮮の歴史は人びとの体格に記されている。わたしの目の前の列に座る家族連れのなかのおばあさんは、髪をひっつめにして髷に結い、長年の畑仕事で体はふたつに折れ曲がっている。その隣に座ってキャラメルの包みを開けるのに没頭している子どもたちは――おばあさんの孫か、もしかしたらひ孫かもしれない――手足が長く、丈夫そうな体格で、背丈も北朝鮮の同年代の子どもより頭ひとつ分だけ高い。

近くでは、ボランティアの手で古い朝鮮の伝統的な遊びがしつらえてあって、コンピューター・ゲームのほうが慣れているだろう一〇代の子どもたちが祖先の遊びを試している。輪も、手押し車もあるが、一番人気はノルティギ（板跳び）。一九世紀から二〇世紀初頭にかけて朝鮮を訪れた外国人の多くが朝鮮文化の楽しみのひとつと評したシーソー遊びである。少女や若い女たちが優美さと活力を誇示する遊び。「どの少女も跳ぶときには二、三フィートほど高く空中に投げあげられる。頻繁に休まなければならないが、このスポーツはたいそうな歓声をよぶ」(Daniel L. Gifford)

優美さと活力は板跳びそのものではなく、遊ぶ人の技から生まれるもの。宙に跳びあがり、硬い厚板の上に跳び下りるには、バランス感覚と、タイミングと、かなりの筋力を要する。龍頭山頂に再現された板跳びには老いも若きも興味津々で、なかにはビジネススーツ姿の男たちもいる。順番になると、なりふり構わず、大はしゃぎして、夢中になって跳ぶが、たいていは二、三回跳ぶと不名誉な滑落となり、周囲からどっと笑い声がおきる。小さな子どもは親に手をとられて板の端に乗って跳ぶまねをする。ひとりの少女ががんばって何度も跳んでみる。そして周囲に集まってきた観衆の拍手のなかで、しだいに高く高く舞いあがる。観衆など目に入らないようすで自分の世界に没入している。少女が喜びとともに空に伸びあがるとき、その両腕と、ベルトに下げた携帯電話やハロー・キティのストラップが揺れ、まるで羽のように空に向かって高く舞う。

そのまた近くでは伝統が多文化的現在にとけこんでいる。赤と金色の中国風ランタンで飾られた舞台の上で、カラフルなサリーをまとった釜山住人が〝ボリウッド〟ダンスを披露し、ダンスの合間に地元の要人たちによる歓迎スピーチが入る。国際的移動の時代。韓国は外国からの移民を一〇〇万人以上うけいれているが、その多くは中国、東南アジア、さらに遠い国から、嫁不足に悩む農村に嫁いだ女たちだ。中国北東部からきた朝鮮民族の人たちもその重要な部分を占める。

多文化主義は韓国では新しくてなじみの薄い概念で、熱心な(そしてある種の不安のまじった)議論の対象になっている。さらにそれは北と南のもうひとつの分断でもある。非武装地帯の北側では、公式イデオロギーによって民族国家主義と人種の純粋神話が固守されているからだ。

▼巨済島

一九一〇年四月一二日午後五時ごろ、エミリー・ケンプとメアリー・マクドゥーガル、それに中国人通訳のチャオ氏は、「材木と石油をうずたかく積んだ」貨客船に乗り込み、釜山から朝鮮半島沿いに北上して元山港に向かう航海に出た。一日半の旅になるはずだった。「出航して、湾口に歩哨《ほしょう》のように立つ四つの岩を通り過ぎたときの、沈みゆく太陽の光を水平にうけていたあの湾ほど美しい景色がほかにあるとは想像しがたい」とケンプは書いた。

その船旅をわたしはたどることができない。韓国と北朝鮮のあいだの海は冷戦によって今も凍ったままで、釜山と元山のあいだにはこの六〇年間いかなる連絡船も通ったことがない。その代わりわたしは、釜山を離れるケンプが称賛し、スケッチした景色を見るために、湾を渡る船に乗る。上空は曇ってきて、黒ずんだ湾内の海に陽の光が斜めにさしている。船は無数の岩山のあいだを縫うように進み、海鳥の金切り声が航跡を追ってくる。

船は巨済島《コジェド》に向かっている。湾口を盾のように塞いでいる大きな島で、その北の突端に、ケンプとマクドゥーガルが通り過ぎた歩哨のような四つの岩が立っている。そこから両側に海岸線が巻物のように広がり、互いに驚くべきコントラストを見せている。灯台がぽつんと立つ崖に砕ける波のほかはなにも見えない、と思うと、岬をまわりこんだ瞬間、大規模な造船所や、背の高い白いアパート建物群が現われる。海をめがけて駆けおりてくる狭い谷間の使える地面は、まるで奇岩の群のような建物群に隅から隅まで埋め尽くされている。

小さな港で上陸すると、そこは典型的な海岸町で、色褪せた日除けのついたホテルやレストランがひとかたまりになって海風にさらされている。しかしここの観光の目玉は島の中心にそびえる丘の頂上にあって、決して典型的ではない。入口は有刺鉄線の柵にかこまれ、朝鮮戦争に南側で参戦した国際連合と一六カ国の旗が掲げられている。巨済島捕虜収容所遺跡公園にようこそ、と来場者を歓迎する文言が朝鮮語と英語でアーチに刻まれている。一九五〇年から五三年にかけて、巨済島は世界に類を見ないほど大規模な捕虜収容所の所在地だった。

元の収容所はこの丘全体を占めて海岸線まで広がっていて、最盛期には一四万人の捕虜を収容していた。現在の公園は元の面積のほんの一部の土地に一九八〇年代に整備され、再現されたテントやかまぼこ兵舎が主となっている。元の収容所から残るわずかな石造り部分はすっかり崩れ、まだ記憶している人たちのいる時代に建造された建物というより、有史以前の住居跡かなにかのようだ。

公園を訪れている人たちの大半は韓国人の家族連れ。アイスクリームを食べながらテーマパーク風にしつらえられた再現部を歩きまわり、丁寧に造られたジオラマのなかに北朝鮮の捕虜の小さなホログラム映像がまるで幽霊のように現われたり消えたりするのを見る。〝ダークライドショー〟では夜の収容所の無法状態の恐ろしさを体験できるし、とても人気のパノラマには顔の部分に穴があいていて、有刺鉄線の内側の捕虜になったつもりで写真を撮ることもできる。境界を越えて敵側にまわったら、と一瞬だけ空想してみることができるのだ。そばにある説明書きによれば、「収容されていた捕虜たちはしだいに、親共派と反共派のふたつのグループに組織され、悲惨な内部イデオロギー対立を生み、両者間の激しい抗争と憎悪が収容所を揺るがすようになった」。

じじつ、巨済島収容所は、過密、不衛生、水不足、監視不行き届きなどに苛《さいな》まれ、ついには収容されている捕虜同士の暴力沙汰、暴動、捕虜と看守の衝突に発展した。反共と疑われた人が親共派に殺害され、その逆もあった。もっとも劇的な事件としては、北朝鮮の捕虜たちが収容所のアメリカ人司令官を拘束して〝人民裁判〟にかけた事件があったが、この暴動は鎮圧された。巨済島捕虜収容所が廃止されるまでに、収容されていた捕虜二〇〇人以上が看守あるいは仲間の捕虜によって殺害された。

〝またおいでください〟――収容所を出るとき、門のメッセージが陽気に呼びかける。

すぐ近くで、ひとりの父親が幼い息子の写真を撮ろうと足を止める。サンダル、半ズボン、縞《しま》のTシャツ姿の五歳くらいの男の子。遺跡にのぼらないでください、という注意書きを無視して、崩れかけたコンクリート製アーチの残骸の上に乗っている。収容所の兵舎のひとつの入口にあったアーチ。幼すぎて戦争の話などわかるはずもないが、物語の結末を見届けるのはこの子の世代だろう。冷戦の最後の対立が、切迫した、しかしいまだ不確かな、最終章に近づくなかで、何十年にもわたる抗争と憎しみと社会的・政治的分断を解決する仕事に直面するのはこの子たちなのだろう。

それでも今はまだ、すごくおもしろい遊園地で午後を楽しんでいる、ただの子どもだ。心配そうな母親と、自慢そうな父親が見まもるなかで、残骸の上で危なっかしげにバランスをとり、いかにも得意そうな笑顔で、片手のピースサインを高くかざしている。

第九章　山への道――元山から南へ

▼からっぽの港

元山《ウオンサン》の美しさをどういったら信じてもらえるでしょう。それに、いつも運の良いわたしのこと、滞在しているこの家は、世界のどこをさがしても、ここほど美しい景色を見渡せる文化的な住居はまずないに違いなく……。金剛山《クムガンサン》からそれほど遠くないので、ある方角を見れば、山々の大きなうねりがいくつもいくつも重なってつづいています。

と、イギリス人版画家のエリザベス・キースは一九二〇年代に家族に宛《あ》てた手紙に書いた。

元山の広やかな湾は今も美しい。丘の中腹には、汚れの跡が縞になっているアパート建物が数棟見えるが、町の大半は平壌《ピョンヤン》より小ぢんまりと人間的なスケールで造られている。広い通りには白、灰色、褪せた青色の建物が太い柱、漆喰の塑像《そぞう》、石の表面仕上げなどで飾られて並んでいる。朝鮮戦争中に圧倒的な爆撃をうけたにもかかわらず、こうした建物のなかには植民地時代のものもある。地元の大学キャンパスのなかに、一時修道僧たちや学者のノルベルト・ウェーバーが住んでいたベネディクト派修道院の一部が今も残っているのだが、朝鮮が分断された直後、修道僧たちは共産軍によって一斉に捕まって投獄され、数人が処刑された。

*

北朝鮮側の元山で滞在しているホテルの、湾を見はらす広大なダイニングルームには、わたしたちのほかには、鮭《さけ》の養殖プロジェクトの交渉で来ているロシア人のグループしかいない。丸天井からガラスのシャンデリアが下がり、一隅のスクリーンにロシア軍合唱隊のビデオが流れている。レストランの漆喰飾りのコーニスには紙のような雀蜂《すずめばち》の巣がいくつもあって、蜂たちが壁の上部を好き勝手に動きまわっている。大きな窓のむこうに港湾が広がり、小さな白い灯台のある小さな土手道が穏やかな濃紺の海に突きでている。

ロシア人のひとりにいつまで滞在するのか訊ねると、悲しげな諦念の微笑がかえってくる。

「それはすべて朝鮮側の友人たち次第ですね」

一九一〇年四月一四日の朝、エミリー・ケンプが釜山《プサン》からの船でここに到着したとき、釜山と元山のふたつの港町はまるで双子のように似ていて、あいだの沿岸水域を定期的に往復する貨物船と連絡船で結ばれていた。一八八〇年に日本との通商のために開かれた元山にも大きな日本人居留地があったが、それは湾の西側の湿地帯に建設されたので、空気が湿っぽくて病気が蔓延《まんえん》していた。それでも、元山は釜山よりずっと朝鮮らしい町だった。世界に向かって開かれる前からすでにここは一万人前後の人が住み、この国の主要な通商センターのひとつだった。

ケンプとマクドゥーガルが到着したころには、この町にはかなりの規模の西洋人宣教師社会ができていた。ここが一九〇三年から〇七年にかけて朝鮮北部を通過したキリスト教改宗の波の中心だったからである。ふたりはここでも知り合いの宣教師たちの出迎えをうけ、「その人たちといっしょに、近代的な町のほとんどを歩いて通った。うまく設計された町で、広い道がアメリカ人宣教師たちの住む、樹木におおわれた、海を見渡せる丘の斜面の一角へと延びている」。

双子の港町釜山と元山は、今は朝鮮半島の分断によって隔てられている。釜山湾にはたくさんの巨大コンテナ船がかすんだ水平線から低い島のようにぬっと姿を現わしているが、元山港はからっぽだ。停泊している船は万景峰《マンギヨンボン》九二号だけ。かつて元山と日本の新潟港のあいだを航行していた連絡船だが、二〇〇六年に北朝鮮のミサイル発射を理由に日本が入港禁止措置をとってこの方、使われないままだ。ホテルの外に出ると、木の茂った公園が波打ち際までつづいている。湾内の鏡のような水面に見えるたったひとつの動きは、紐に吊るした空き缶を持った小さな男の子たちの一団。護岸の下にいる貝を探して、海水を叩いてしぶきをあげたり、さざ波をたてたり……。

▼柿農園

一九一〇年には元山から金剛山への旅はまだ不確実な要素の多い冒険だった。朝鮮併合以後、日本の総督府は金剛山やそこに隠された宝の開拓に熱心になり、一九二〇年代初めには金剛山に行くのに四つのルートから選ぶことができた——ソウルから自動車に乗って、どこにでも出没する南満州鉄道会社の好意によって、元山から蒸気機関車で（帰りの便は月に六便のみ）、等々。

一九二一年には金剛山電気鉄道の敷設工事が始まった。これは、切り立った山道を越えて、絶景を楽しみながら、長安寺近くの駅まで登る鉄道だった。このとき総督府は、何世代もの朝鮮の詩人、画家、巡礼者などを平気で無視して、外国人観光客に向かってこう宣伝した――この地域は一五世紀以来「世界にとって闇」であり「謎に包まれて」きたが、「多くの困難や障《しょう》碍《がい》にもめげずにこれを探検し、この素晴らしく、比類なき風景美を世界に知らしめたイザベラ・（バード・）ビショップ夫人によって再発見」（Department of Railways）された。日本政府は金剛山を帝国初の日本国立公園にすることまで計画していた。

ケンプとマクドゥーガルが元山を出て金剛山に向かったのは、旅路がこうした〝革新〟にまみれる前、探検の困難や障碍がまだ残るときだった。ふたりの交通手段は自らの足と荷馬だけ。頂上付近には虎が出没した。以前にここに来た人たちの旅行記のほかにはガイドブックなどなかった。中国人通訳とドイツ語の地図、それにケンプの重い風邪がまだ完治しないまま、四頭のポニーと、友人の宣教師たちが雇ってくれた三人の朝鮮人ガイドに伴われて、ふたりは出発した。ポニーは鞍《くら》をつけていなかったので、ケンプとマクドゥーガルとチャオ氏は寝具で代用し、四頭目のポニーは備品を収めたバスケットとこの旅のために貸してもらった折り畳み式ベッド二台を運んだ。途中で傘を失《な》くしていたので、代わりに防水紙でできた朝鮮の外套《がいとう》も持っていった。

朝鮮人ガイドたちが、それまでこのルートのどこにも来たことがなかったのをケンプが知ったのは、ずっと後のことだった。

最初の障碍は川だった。ケンプは名前を挙げていないが、その描写からすぐに南大川《ナムデ》とわかる、元山の東南で海にそそぐ広くて浅い流れである。橋はなくて、あるのは綱に繋がった渡し舟が一艘。対岸に行く人はその綱を自分で引いて茶色の水を渡るのだった。ケンプ一行が川辺まで来ると、渡し舟は対岸にあった。しばらく待っていると、むこう岸にようやく朝鮮の女がひとり現われ、のろのろと舟に乗りこんだ。ガイドたちが大声で促しても、女はそこに黙って座ったままでいっこうに舟を動かそうとしない。大声が腹立ちと怒声になって、女はようやく綱を引きはじめ、舟はゆっくりと流れを渡ってきた。「近くまで来て初めてその人が盲目であることがわかった。おそらくはそのためにひとりで渡るのが怖かったのだろう」

このときにはすでに、綿密に計画されたスケジュールより遅れていて、その日の到着予定地にたどりつくことはできず、代わりに目的地の三マイル手前の農家に泊まることにした。当時は、農家に外国人旅行者や偉い朝鮮人がやってくると、支払いをめぐりしばしの相談の後、住人がその招かれざる客のために寝所をあっさりと明け渡すのがふつうだった。

ケンプは書いている。「朝鮮の家にはすべて外側に板張りか泥を固めた小さな壇《だん》がついていて、誰もがそこに履物を脱いでから家に入る。床は下から温められ、上に茣蓙《ござ》が敷いてあるの

1910年当時の朝鮮の村（ケンプ画）

で、椅子は不要とされている。朝鮮の人たちは、床にじかに敷いた夜具をとおしてその熱を楽しむ。わたしたちは扉を開け放ち、折り畳み寝台の上に寝たが、それでもとても辛かった。でも、どの家も予想していたよりずっと清潔だとわかったのは嬉しかった」

今日の金剛山への旅の不確実さは当時とは程度が異なる。わたしたちがガイドの手中にあることはケンプたちと同じ。でもわたしたちの場合、ガイドはルートを完璧に知りつくしている。問題は、わたしたちをどこに連れて行くか、ガイドが選ぶことだ。北朝鮮への旅の手配をしたとき、金剛山の北端訪問を含めるように頼んだ。三八度線の北側からこの地域にアプローチする外国人旅行者に現在許されているのは北端だけだからだ。しかし、わたしたちのガイドには彼らなりの計画があるし、その計画も、平壌の本部からの謎の連絡に応じて衝動的に変更されることも多い。南大川下流に向けて出発する前に、わたしたちはまず集団農場を訪ねなければならない。

ホテルの敷地内は今工事中である。運転手のキムさんが敷地内の自動車道を通り抜けようとしていると、大きなトラックが前をふさいでいて、荷台から車道にシャベルで石を投げ降ろしているところだ。おそろしくのろのろしている。作業員たちはキムさんの鳴らすクラクションやしだいに甲高くなる悪態を無視して、黙々と仕事を続ける。道の脇に座りこんでいる作業員のなかに幼い子ども連れの女の人がひとりいる。子どもは茫然《ぼうぜん》と宙を見つめていて、母親のほうは、きらきら光る灰色の砂粒をはたきつけたような顔で、石を砕いて砂利にする厳しい作業に没頭している。

元山には平壌以上に自動車が少ない。あちこちで牛の曳く荷車がでこぼこの舗装を軋みながら行く。脇道の奥にちらっと見えるのは、どうやら俄《にわ》か仕立ての屋台店らしきものをかこんで群がる人びとの姿。

北朝鮮では生活の大きな部分が道路でくりひろげられる。市外に出ると、舗装のない道が人であふれている。歩いている人、自転車や牛の荷車に乗る人、手押し車を押す人、ヒッチハイクをしようと道端にしゃがみこんで通りすがりのトラックを待つ人。待つあいだ本を読んでいる人もいれば、仲間とおしゃべりをする人もいる。ただ待っている人もいる。道を行く女の人は、物を布にくるんで頭にのせて運ぶことが多い。自転車をこぐ男の人を追い越すと、後ろに妻らしき人が横乗りして、その人の背中に赤ちゃんがくくりつけてある。まるでマトリョーシカ人形を開けたみたい。農民は痩せこけた牛を使って畑の赤土を耕している。きょうは暖かい日で、男の子たちが叫び声をあげて養魚池の濁った水に飛びこんでいる。

ちょっと驚いたことに、アイスを売っている屋台が道端のあちこちにあって、客が群がっている。しかしそれは完全に社会主義的アイスキャンディーであることがわかる。リさんが説明する。「それぞれの地方行政単位ごとに一定数のアイスキャンディーが配給されて、一単位について五人の人がアイスを売る仕事をもらえるのです」

モデル集団農場は赤い旗の標識から土道に入った先にあって、非現実のオーラをありありと発している。耕作地に沿って、集落の養魚池をかこむように、しみひとつない白壁の農家の列が並んでいる。中央広場の塀では、じょうずに描かれた壁画が〝一五〇日戦闘に全員で参加しよう!〟と呼びかけている。広場のむこう側に村の浴場があり、集会所兼映画館もあって、英雄的な戦闘機のエース・パイロットを描いた劇映画のポスターが出ている。陰湿な南北分断は美の概念にまでしのびこんでいて、いまどきの韓国映画では、主演は優美で悲しげな男性スターだけれど、北では若き日のジョン・ウェインばりの逞《たくま》しい顔つきの、がっちりと大柄な男が好まれる。

　村内の通りに人っ子ひとりいないために、ここはますます映画のセットじみてくる。おそらく村の人たちは畑に出て、一五〇日戦闘におけるそれぞれの役割を演じているのだろう。しかし住民のひとり、地元の婦人会の有志といったふうの中年の女の人が、定期的にやってくる外国人を案内してくれる。その人によれば、「偉大なる首領様が一九五九年にお訪ねくださいました。ここをご覧になって、生まれ故郷の万景台《マンギョンデ》に似ているとたいそう感激なさって、村に柿の木を植えるようにと仰せになりました。今ではここの柿は国中に知れ渡っています」。

「偉大なる首領様は農民が労働者になれるように、柿の木の育て方を科学的かつ化学的にお教えになりました」とリュウ氏が言い足す。

「この木をごらんなさい」格別に見事な見本木の前で村のガイドが足を止めて、枝を一本引きよせる。春の若葉にまだ露がきらめいている。「収穫時にこの木にいくつくらいの実がなるか、当てられますか?」

　わたしたちは当てずっぽうにいろいろ言ってみるが、正解にははるかに及ばない。どうやら正解は二〇〇〇個らしい——が、通訳されるあいだにゼロがひとつ紛れこんだかもしれない。

化学農業の問題点は化学肥料が要ることだ。そして化学肥料の問題点は、生産するのに電気が要ること。今日の北朝鮮には電気も化学肥料を輸入する外貨もないし、農民たちに栽培が奨励されている稲、果実、野菜といった高度な肥料依存種は生育がおぼつかない。こうして、列車の乗客や道路を歩いている人たちの背に負われたおびただしい数の袋、袋、袋となる。肥料は金であり、手に入れるためには人びとはいかなる努力も惜しまない。

柿農園の先に小学校がある。子どもたちは運動会の真っ最中で、ミニチュアの赤旗をバトンにリレーをしている。わたしたちが現われるや否や、最年少の子がふたり駆けよってきてわたしたちの手を摑《つか》むと、集団の真ん中に引っぱっていく。わたしは小さな男の子の手を握りしめる。硬くてガサガサの手――たくさんの雑草を引き抜き、たくさんのしもやけを耐えてきた手。子どもたちは互いを応援して叫び声や歌声をあげる。その顔は日焼けして濃い褐色。着ている物は上下不揃《ふぞろ》いのトレーニングウェアで、靴はぼろぼろのスポーツシューズからゴム長までさまざま。子どもたちはよその人が来たときの儀式を時計仕掛けのように正確に学習しているが、表情からすると、訳はわかっていないようだ。失態なく儀式をこなすことだけに懸命になっている。この子たちがおとなになったとき、子ども時代のこのパフォーマンスをどんなふうに思いだすのだろう、とわたしは考える。それに、おとなになったとき、どんな世界に住むのだろう。

村のガイドの自宅に案内される。養魚池のほとりの平屋。池の水面には周囲の柳の木から飛んだ綿毛がいっぱい浮いている。家の外は貝殻を敷きつめたきれいな小道になっていて、庭に柿の木が植わり、木の下にはキャベツと葱の畝。玄関扉の前に自家製の炭塵練炭《たんじん》（北朝鮮の家庭のふつうの暖房燃料）がひと山積まれて、乾かしてある。この家は、一九一〇年にエミリー・ケンプがこの地方を通ったときにスケッチした家と大きさや形は似ているが、木ではなくコンクリート造りで、ケンプが描写したような一段高くなった壇はない。大きさや形状については、北朝鮮のほとんどすべての農村の家と同じだ。想像力を働かせて、この夢の家から飾りをすべてはぎとったら、決してなかを目にすることのないほかの家の有様がちらっと見えてくるだろう。

この家には玄関の両脇に小さな部屋がひとつずつある。床はリノリウム敷き、壁は白漆喰塗りか、縞模様の壁紙。家具はほとんどないが、家中塵《ちり》ひとつなく掃除が行きとどき、居間には写真が飾ってある。なかに金日成と金正日のふたりの指導者の肖像があるのはいうまでもない。ガイドの女性は台所のメタンガス調理台を自慢そうに見せてくれてから、アコーディオンを持ちだしてきて歓迎の歌を披露する——心から楽しげに、おそろしく調子外れに。そばで姑《しゅうとめ》が満足そうに見まもる――鉄灰色の髪と、年老いてはいるが穏やかで美しい顔。

北朝鮮のふつうの村の家は、同じように二部屋あり、壁には同じ肖像写真がかかっているのだろう。しかし、メタンガス調理台はほかにはほとんどないような贅沢品だ。調理や暖房のふつうの熱源は練炭。それに、わずかに残る林から集めてきた薪である。大部分が一九六〇年代、七〇年代の成長期に建てられた家で、今その多くが老朽化して、隙間だらけの窓枠や割れたガラスから冬の厳しい寒さが入りこむ。屋根は継ぎ接《は》ぎだらけ、壁は無限の創意工夫をもって修理されている。日々の暮らしと苦闘するという任務に、北朝鮮の人びとは創意工夫を惜しみなく駆使する。

▼釈王寺

また車に乗りこんで、さらに内陸へと進み、沿岸の平野から立ちあがる丘陵地に入っていく。舗装のない道路はだんだん狭まり、轍《わだち》はしだいに深くなり、両側では田んぼが姿を消し、芋畑になっていく。数キロほど登っていくと門が現われる。道に沿って小石の上を流れる渓流の脇でキムさんが車を停めると、ガイドたちがこの〝検問所〟を守る男の人と真剣な交渉に入る。

結局、交渉はガイドたちの満足できるかたちで妥結し、わたしたちは再び車で奥の森林に入っていく。北朝鮮でこれまで見たもっとも深く、もっとも健やかにみえる森である。ここでさっきの交渉の原因が判明する。この森で子どもたち、先生たち、親たちの大きな集団が遠足を楽しんでいるところなのだが、集団農場の子どもとは異なり、この集団は外国人を迎える用意も練習もしていない……。

分断線の南、韓国の子どもたちは、西洋人風の顔が出現すると、一般的な反応として、なんでもいいからとりあえず頭に浮かんだ英語のフレーズを熱狂的に叫ぶ。仏国寺に行ったとき、五歳くらいの男の子に声をかけられた。駆け寄ってくると、息を弾ませて、「アイラブユー」と言ってくれたのだった。

北朝鮮の子どもたちは、その任務のために特別に仕込まれた子どもを除いて、外国人の顔を見ることはめったになく、最初は緊張したまなざしを斜めに向けるだけ。でも、こちらがひとこと、ふたこと朝鮮語で挨拶すると、無愛想だった顔がほころんで笑顔になる。そびえたつ松の巨木の根元に先生たちがセットしたポータブルのテープレコーダーにあわせて、子どももおとなも踊っている。おとなはリズムにのって優美に手足を動かす。子どもたちは体を上下に動かして、ふざけて友だちにぶつかってみたり、踊りの輪から離れて木の陰でかくれんぼをしたり……。

先生たちは熱心に英語を使ってみようとする。ひとりが欅《けやき》の巨木を指さして、「歳は一〇〇〇年です」と言う。この樹は山腹を登っていく小道の脇に立っていて、道の先には灰色の屋根と彫刻のある門が一列に並んでいる。

その先生は「こっちに来て、こっちに」と呼んで、広げた両腕を巨大な幹にまわそうとする。「木に腕をまわして。木を抱くことができると若返ります。抱けば抱くほど、どんどん若くなります」

すっかりすり切れてテカテカの黒い背広の上下を着た、やや若いその男の先生は、次には三人が手をつないでこの木を抱くようにと、わたしたちの手をとる。その太い幹の周囲にまわすには三人の腕が要る。わたしは目の前のつんと鼻をつく匂いの樹皮に顔を押しつけてみる。金剛山にはたくさんの伝説があるが、そのひとつに、あるおじいさんが焚《た》き木《ぎ》を集めていたところ、泉を見つけたので水を飲むと、あら不思議、若さと活力が蘇った、という話がある。強欲な村長がそれを聞きつけて、泉の水を欲張って飲みすぎたために、赤ん坊になってしまっておぎゃあおぎゃあと泣いたとさ……。

いくつもの王朝も、侵略も、植民地支配も、朝鮮戦争とその後の朝鮮民主主義人民共和国の六〇年も、この巨木は生き延びてきた。木を抱いてはみたが、サンディの顔の皺にも、わたしの皺にも、それとわかる変化はない。それでも深く根ざした民俗信仰は生き残る。経験という苦い光にも、科学的農耕や主体思想といった過ぎゆく嵐にも揺るぐことなく、深く根を張っている。ここでガイドが少々そわそわしてくる。いたく落胆している先生たちをあとに、上にある建物に向かって坂を登るように、とわたしたちを促す。

ここが釈王寺の跡地。釈王寺の住職の影響力は元山地域全体はもとより、もっと南の金剛山の寺々にまで及んでいた。イザベラ・バードは一八九〇年代に釈王寺を訪ねたときの光景を描写しているが、それはある意味で今もほとんど変わっていない。「澄んだ渓流に沿ってつづく馬道、気高い松の並木道の深い繁り」と、壮大な欅の木々。

当時ここにあった壮大な伽藍は李氏朝鮮王朝太祖によって一四世紀に建造された。いくつもあったお堂のひとつには、小さな石像があらゆるタイプの顔で五〇〇体並んでいた。シルクロードの端から端まで、さらにその先に、あるオアシスに住むアジア系やヨーロッパ系の人たちの顔……。滑稽《こっけい》、欲、愚、悪意、敬虔などを表わす顔……。

今日、釈王寺として残っているのは礎石の破片が数個だけ。「祖国解放勝利戦争中に破壊された」そうである。

しかし釈王寺の番所は急な斜面に今も建っていて、さまざまな色の蓮の花や龍、鬼などのみごとな装飾がほどこされている。間違いなく、ソウルの仏教徒たちの助けによってだろう。わたしたちが首をのばして細かい彫刻を鑑賞していると、農夫がひとり、片手に杖を持ち、山の上のほうで採った天然の産物を大きな束にして背負って、ひっそりと口笛を吹きながら、大股で下りてくる。

ガイドのひとりが言う――「地方政府がこの寺の再建を決め、平壌の担当省も承認しました。まもなく工事が始まります。そうすれば、僧侶たちが帰ってきて住めるようになります」

「僧侶？　どの僧侶？」わたしは訊きかえす。

「町に住んでいる僧侶です」あたりまえでしょう、と言わんばかりだ。

「その僧侶って、何人くらいいるのですか？」

ガイドはちょっと肩をすくめる。「数人ほどでしょうか。今度いらっしゃるときにはここに寺が建っていて、僧侶たちが暮らしているのがご覧になれますよ」

それはぜひとも見たいものだ、とわたしたちも同意する。

▼侍中の漁師たち

エミリー・ケンプとその一行がしばし足止めをくった川に、今は立派なコンクリートの橋が架かっている。片方のたもとに、彫った文字を赤く色づけした銘があって、金日成主席の七七歳の誕生日を記念して一九八九年四月一五日に開通、とある（北朝鮮ではこうした縁起のいい日を選んで礎石を置いたり、テープを切ったりするのが好きだ）。道路は鉄道線路と並走しているが、ゆっくり南へと走行しているあいだ、列車を見かけたのは一度だけ。とても長い編成の無蓋貨物列車で、袋をうずたかく積み上げ、その上に大胆不敵な人が数人、危なっかしげに乗っていて、どうやらヒッチハイクの旅らしい。

元山から金剛山に向かう旅の二日目、エミリー・ケンプは前日の遅れをとりもどそうと決意したが、「しかしこの提案をうけて我らが従者たちは不機嫌になり、おおいに異議を唱えた。三七マイルは一日の旅程として長すぎる、というのである」。一行は海岸線に沿った道を行ったのだが、不思議なことに、ケンプはこのルートのもっとも印象的な特徴――元山の南の海岸線が見せてくれる息をのむような絶景――について記述していない。その一方で、野の花たち――雪割草や菫《すみれ》、クロッカスやアネモネ――については記し、陽のふりそそぐ日中に通りすぎた村々を見て、「全体的な印象は充足と心地よさ。人びとはだいたいにおいてちゃんとした身なりでちゃんとした住居に暮らし、あらゆる点で満足しているようだった」と書いている。

先の長いこと、さらには、帰りのシベリア行きの便に乗り遅れないようにソウルに戻っていなければならないことがわかっていたために、ケンプは容赦ないペースを崩さなかった。その二日目には、朝鮮人ガイドたちの抗議にもかかわらず、どんどん先を急ぎ、一三時間半も旅を続けた。高い松の木々が影をつくる美しい村を過ぎたのだが、そこには「日本に占領されて以来朝鮮のすべての村をもれなく飾るようになった掲示板があり、その横に警察官さえ立っていた。

旅の三日目になると天気は下り坂になって、空には重い雲が垂れこめた。あいかわらず海岸沿いに進んでいた一行は、いくつもの漁村を通過し、村の女たちの獲物籠をのぞきこんで、見たこともないいろいろな海の生き物を見た。ソウルの魚市場の魚は「日本人が独占しているせいで」ロンドンよりずっと高い、とケンプは書いているが、こうした辺鄙な村はまだ日本の影響にほとんどさらされていなかった。それ以後も植民地統治者たちの影を見ることはなかったのだが、ある地点で道を曲がったとたん、「このうえなく美しい、小さな入り江の港に出た。明らかに海軍基地で、外海から完全に隠れている」。ここには植民地郵便局があって、「日本人女性が赤ん坊を背負って歩いていた」。この町を過ぎてからはしばらくとぼとぼと砂丘を抜けていき、それから内陸に入っていった。

こうしてエミリー・ケンプはついに金剛山の玄関口にたどりついたのだった。

おまけに一行はどんどん道に迷いはじめていた。ケンプはさっきの小さな港町を、持っていたドイツの地図に「Tschagu-Tschiendogu と記されている町だとしているが、これにかすかにでも似た音の名前の町はこの地区のどこにもない。朝鮮人ガイドたちもどこにいるのかまったくわかっていなかったのは明らかで、それに、このエキセントリックなイギリス女が要求してくる体力的な無理難題にすでにかなり腹をたてていた。

わたしたちが山の端を越えると、目の下に穏やかな海がひろびろとよこたわり、かすかな春霞が水平線をぼかしている。むこうの海岸線は険しく、でこぼこしていて、小さな岩山があちこちで海面を破り、岩のあいだに漁船が黒い点々をつけている。

長い砂浜で小休止した。浜に小舟が二艘あがっている。晴れて暖かい日。波のない海は、浅瀬ではちょっと濁ったターコイズブルーで、水平線に向かってだんだん濃い青になっていく。泳ぎたくなるような日で、運転手のキムさんは素早く服を脱いでボクサーショーツになると海

北朝鮮の漁船（サンディ画）

に飛び込む。サンディとわたしはもうちょっと慎重に後につづく。浅瀬はいろんな形の海草の柔らかな葉で埋まっていて、水は息をのむほど冷たい。

サンディがスケッチブックをとりだして、漁船を描こうと渚《なぎさ》を歩いていく。そのむこうに、緑色がかった茶色の小さな物体がいくつか、海草の巨大な気泡のように、水面に現われたり消えたりしているのが見える。ダイバーたちが貝を探しているのだ。ぶかぶかの潜水服が、冷たい水に対するなんらかの防御手段になっているだけでなく、浮き具にもなっている。

舟に網を積みこんでいた漁師がひとり、サンディに近づいてスケッチブックをのぞきこむ。どこに行ってもサンディのスケッチは興味と感想を呼ぶが、そこに敵意はまったく感じられない。北朝鮮ではカメラは、魂を抜くことはないにしても、秘密を盗むものとして疑いの目で見られるが、スケッチは風変わりだが無害な行為とみられるようだ。漁師がだんだんと会話に引き込まれる。最初はちょっとはにかんでいるが、ちょっとずつ大胆になって、風雨にさらされて茶色くなった若い顔が笑みで輝く。

網を見せてくれる。スキー板のような二本の厚板に網が取り付けられている。これを海底に引きずって貝を獲るという。

「ときどき潜りもするよ。すごく冷たいこともあるが、水のなかはきれいだ」

「女の人も潜りますか？」海女《あま》で有名な韓国の済州島《チェジュド》のことを思いだして、訊ねてみる。けれど漁師は首を横に振る。

「ほとんど男だけだな。漁もそうだ。女には危ない」

夏には舟に観光客を乗せて湾内を見せてまわるという。休暇で訪れる「平壌の偉い人たちだ」そうだ。

「わたしたちも乗せてもらえるかしら？」

はにかみが戻ってしまう。外国人は乗せられないと言う。

この人の舟は、厚板でできた考えうる限りもっとも単純な船舶で、三人が乗るのはまず無理だろう。ごく小さなスクリューがついていて、太い木切れの櫂《かい》を使えばさらなる推進力となる。若い漁師は砂浜に舟を引きずって水に浮かべると、仲間ひとりといっしょにひらっと飛びのり、ちょっと手を振って、沖に出ていく。

砂浜の後ろにカフェがある。小さな売店まであって、ドイツ製のサンタン・ローションや貝殻でできた動物などの安っぽい土産物を売っているが、建物自体はまるで空っぽ。いるのは金正日スタイルのスーツを着た男性が四人だけ。この人たちはわたしたちが出発しようとしているときに、突然、黒塗りのトヨタ四輪駆動で到着する。笑みの片鱗《へんりん》もない怖い顔をしていて、わたしはここに来てから初めて、挨拶する気にもなれない。

「ピョンヤンの偉い人たちね」と心でつぶやく。

わたしたちのゲストハウスは海岸からちょっと内陸に入ったところにある。ケンプとマクドゥーガルがこの海岸線沿いに旅したときに泊まったふたつの村のちょうど中間あたりに違いない。灰色の石とコンクリート造りのシンプルな建物で、外壁にはタイルで金剛山が描かれている。侍中《シジュン》湖の鏡のような水面を見渡せる。ここの黒い泥は治療効果のある成分を含んでいることで知られている。ロビーの案内書きは、いろいろな泥治療をとりそろえている、とくに女性に効くといわれている、と宣伝している。案内は朝鮮語のほかに英語でも書いてあるが、朝鮮人のお年寄りが数人泊まっているだけで、外国人はわたしたちだけだ。部屋には伝統的な朝鮮式床下暖房があって、エミリー・ケンプと同じくわたしたちもこの暖房が暑苦しくて、朝早くから外に出る。そして、涼しい新鮮な空気のなか、湖畔までつづくゲストハウスの敷地を散歩する。

水は澄んでいるが、底の泥で黒ずんでみえる。浅い水を大きな魚が走りぬけ、掻《か》きまわされた泥が乱れて渦をまく。湖水の対岸には峰が列をなし、その列がいくつも互いに重なりあい、遠ざかるにつれて濃い灰色から薄青色に変わっていく。

ゲストハウスの自動車道が外の道路と交わるところに小さな石造りの守衛所があるが、無人。わたしたちはその守衛所の脇に立って、沿岸道路を自転車で仕事に向かう村の人たちを眺める。すべてがとても静かだ。木でさえずる鳥の声と、どこか遠くで吠《ほ》える犬の声だけ。すると漁師がふたり現われる。ひとりが手車を引いて、ふたりでホテルの自動車道を歩いていく。わたしは付いていって、ふたりがくしゃくしゃに丸めた茶色の漁網を手車からゲストハウスの外に降ろすのを見ている。漁師が去るとすぐに、ここで働く若い女の人が三人出てきて、舗装の上に網を広げ、丹念にねじったり、つまんだりしはじめる。三人とも黒いジーンズに、上はカラフルなスウェットを着て、ピンクのビニールサンダルを履き、飾りのついたヘアピンで髪を後ろにまとめている。

なにやらとても平和な光景だ。女たちのおしゃべりする声の穏やかなリズム、共に働くことに慣れた人たちの熟練した優雅な動き。最初わたしは、この人たちが網を修理しているのだとばかり思っていたが、もっとよく見ていてわかってくる。漁師たちの捕獲したものを最後のひとかけらまで拾い集めているのだ。網を空にしても網目にひっかかって残った、銀色に光る小さな小さな魚も、ひとつひとつ丹念に外され、プラスチックのバケツのなかに投げこまれる。この仕事はじつに細かくて、時間がかかる。食べ物には、粗末にしていいような小さなかけらなどないのだ。

エミリー・ケンプと同じく、わたしたちも金剛山の敷居にたどり着いた。この分断された地域の夢と希望が、対立と苦しみが、凝縮されている場所である。

わたしがこの旅の計画を練っているあいだ、そしてじっさいにこのルートをたどってくるあいだも、北朝鮮と近隣諸国との交渉のいつ終わるともしれない紆余曲折《うよきょくせつ》が続いていた。局面打開は近い、境界線が間もなく開きそうだ、と思えることもあった。しかしすぐに、交渉が決裂し、突如として耳をつんざく非難の応酬が湧《わ》きあがる。境界線は閉じたまま。北と南のあいだの緊張は高いまま。北朝鮮指導者は必要とみなすあらゆる手段をつかって権力にしがみつく。韓国政府は朝鮮半島の未来についての壮大なビジョンを失い、北が勝手に崩壊するのを待つことで満足しているようだ。一方で中国は東の国境の終わりのない不安定さに焦燥感を募らせている。アメリカは地球の反対側で起きている危機に没頭している。日本は隣の〝ならず者国家〟に恐れをなしてたじろいでいる。そして、そのほかの世界は、最後のスターリン主義国家の奇怪なありさまを、冷笑的嫌悪感とともに見物をきめこんでいる。

冷笑的な嫌悪感は無関心の都合のいい口実である——未来について真剣に考えること、あるいは、そこに内包される人間にとっての意味を案ずることとの必要性にたいして効果的な防衛策になる。援助が枯渇してゆき、境界線は閉まったまま、政権が危機の深みにますます陥っていくなかで、石を砕いている人たち、柿を栽培する人たち、侍中の漁師たちはどうなるのだろう。この人たちは、体制が内部崩壊したらどうなるのか。物質的氾濫のただなかにあるこの絶望的な貧困の泡を再統合するという難問を、北東アジアはどう克服するのだろうか——ごく近い将来、必ず直面することになる難問なのに。

こうした疑問に答えられる人はいない。近隣の強国とアメリカ合衆国は、軍事的非常事態に対処する計画はきっと作っているだろう。崩れつつある北朝鮮国家が侵略の挙にでたら、核兵器を爆発させたら、内戦に陥ってそれが国境を越えてこぼれでてきたら……そういう場合に備えて、各国の政府は秘密の戦略を細部にわたって用意している。しかしそれより外の世界は、この地域の社会的・文化的生命に心を閉ざしているように見える。

ひとつの未来——きわめて容易に想像できる未来——に対応するための計画がまったくない。漁網の目から拾い集める小魚さえも、もはや次の大規模飢饉をくいとめられない未来。あるいは、国境がもっと穴だらけになって、よりよい生活を求める北朝鮮の群衆が、丹東《タントン》や瀋陽《シエンヤン》に、ソウルや釜山に、東京や大阪に向かって移動するという、同じくらい想像に難くない未来。ベルリンの壁の崩壊後、一〇〇万人以上の人たちが東ドイツを後にしたのと同じなのだ。どこの国の政府も、どの国際機関も、この国が数十年間の〝主体〟経済による環境破壊を克服するのをどう助けていくのか、真剣な計画をもっていないし、北朝鮮の人びとの静かで明敏な創意に内在する未来への希望について考えていない。ただ、資金のない小さな非政府団体がいくつか、コミュニケーションの糸を切らずにいようと、必死に働いているだけ。

金剛山はたくさんの顔をもち、光の変化につれて姿を現わしたり、消えたりする。この峰々は時には出会いの場所であり、時には巡礼の場所である。わたしたちが侍中湖の畔《ほとり》に立って、水面に映るふもとの丘陵を見つめているこの瞬間、過去何世紀もの対立のときと同じく、金剛山は再び危険極まりない岩の障壁になっている。

しかし、この地上にここほど予測するのが危険な場所はない。明日は光が変わるかもしれない。明日には、この風景が一変するかもしれない。

第一〇章　希望の旅

▼行き暮れて

侍中《シジュン》の南で道路のカーブに沿って曲がると、突然、美しい湾を抱きこんだ小さな港町にでる。北側から近づくとほとんど内封に見えるような入り海である。滑らかな海面で手漕《てこ》ぎ舟や潜水夫が仕事をしていて、狭い砂浜では何人かの潜水夫が獲った貝を仕分けしている。ここは通《トン》川《チョン》の町で、エミリー・ケンプの描写にあんまりそっくりで、これこそ彼女のいうTschagu-Tschiendoguだと思いたくなる。

もしそうなら、ケンプとその一行はコースからひどく逸れていたことになる。最終的に、目的地としていた寺からはるかに遠い、山の外周に行きついていただろう。しかし、もしかしたら、Tschagu-Tschiendoguとはその隣の港町、長箭《チャンジョン》（現在は高城《コソン》と呼ばれる）だったかもしれない。どちらの町も当時は重要な海軍基地をもち、長箭は、ケイゼルリングという名のロシア人起業家が経営する小さな捕鯨基地でもあった。ケンプ一行は Tschagu-Tschiendogu から内陸に入り、その晩泊まる予定だった僧院に向かって歩く計画だった。目的地が神渓寺だったことはほぼまちがいない。主要な寺のなかでももっとも北に、したがってもっとも近くに、位置していた寺で、現在は韓国の仏教関係者たちの力を借りて丁寧に再建されている。

とうとうケンプとマクドゥーガルは、こんなにも苦しく長い旅を続けてきた目的だった風景のなかに入っていった。海岸線からそれて曲がりくねった細道を歩き、山地に入っていくと、「岩があらゆる奇妙なかたちの巨大な野獣のようにたちあがって」いて、まるで「薄闇に威嚇するように黒々と」みえた。しばらくすると、「断崖が急勾配をなしてはるか高くそそりたって、金剛山《クムガンサン》（ダイアモンド・マウンテンズ）の名を与えられた所以である、ぎざぎざに尖《とが》った輪郭を見せている」美しい谷に入った。ここで夕べの散策に出てきた僧の一団に遭遇し、通訳のチャオ氏が地べたに漢字を書いてしばし交渉した結果、僧院に入れてもらった。それは「道から直角に入る短い小道の先に」あって、「決して素晴らしいわけではない」僧院だったが、少なくともここでその夜の寝床を得たのだった。

四大寺のなかでケンプたちが最初に遭遇するはずだったのは神渓寺なのだが、当時この寺は荒廃していた。しかしそれでも、いくつもの堂があり、幅広の石段を登ったところに立派な古い塔がたつ、かなりの大伽藍だった。

再建なった神渓寺は、発掘調査やケンプが訪ねたころの写真などに基づいて設計され、本堂、講堂、仏堂、僧堂など主たる建物が八堂あり、そのすべてが杏色の漆喰壁と幅広の灰色の屋根をもち、その庇は彫刻や装飾がほどこされている。それにここは、一九一〇年当時には日本旅館のあった温井里《オンジョンリ》の村からほんの一マイルほどしかない。

こうしたことすべてが、一夜の宿を借りたその人里離れた小さな場所についてのケンプの描写とまったく合わない。それにそこの僧侶たちは外国人にまったく不慣れで、この突然の来訪者にたいして好色そうでかつ少々敵愾心のみえる態度をとった。

ケンプ一行が調理し、食事を摂るのを、このホストたちはなんの遠慮もなくじっと観察した。うちひとりは地面を引っ掻いて、ふたりは「キリスト伝道師」か、とチャオ氏に問うた。ケンプとマクドゥーガルは無遠慮な男たちの目に不安を感じて、チャオ氏を護衛にして部屋のベランダに寝かせたが、森で鳴く慣れない蛙の声や、僧たちに祈りの時間を知らせて繰り返し打ち鳴らされる魚鼓《ぎょく》の音に何度も夢を破られた。おまけに、漢字を書いて執りおこなわれた話し合いからでてきたのは、一行がとくに訪ねたいと考えていた寺院――この地域でもっとも有名な長安寺のことに違いない――から四〇マイル離れている、という情報だった。そこで、最初の計画を放棄して、翌朝早く、一行は後戻りして谷を下り、険しい峡谷を登り、ソウルへの幹線道路に出られるはず、と思った方角をめざした。

僧侶たちが意地悪な冗談を言ったのか、あるいは、一行がほんとうにコースからひどくおおきく外れていたのか……。長安寺から四〇マイルといったら、金剛山地のもっとも北の端のどこかで、イザベラ・バードなど先に訪れていた人たちが明瞭に描写した地域から遠く離れている。それに、四〇マイルは、疲れを知らぬエミリー・ケンプにとっても、さすがにあまりに遠かった。船、汽車、さらにその先の旅の予定が待っている。この地域の仏教美術の粋を見るための努力を放棄して、金剛山の自然の美を探求することで満足しなければならなかった。

とはいえ、ケンプはこんな小さな挫折《ざせつ》に気落ちするような人ではなかった。空模様があやしくなるなかを険しい峡谷を登りながら、「素晴らしく魅力的な花々」をほめそやしている。峡谷の低湿地は、アイリス、シクラメン、雪の下、白クロッカス、緑色の蛙、雉、葉陰にちらっと姿を見せる縞栗鼠。それに、背後の海のほうを振り返れば、時折見える息をのむような絶景。森の奥深くから名も知れぬ鳥が呼びかけ、「森林の財宝は無限らしかった」。岩がちな細道の両側に羊歯《しだ》が葉を広げていた。「道をたどって、さらさら流れる小川を渡り、反対側からまた渡りしているあいだずっと、せせらぎがわたしたちを誘惑しつづけ、頂上に着くまでに一度ならず雪の吹《ふ》き溜《だま》りのなかを通った」。ときには雲間から陽が射してきて、信じがたいほど高いところにある岩の尖峰を輝かせた。

ケンプとその一行は七時間にわたって進みつづけて、ようやく足を止めた。そのときにはすでに地平線上に暗雲が垂れこめ、スコールのような雨が山地全体に吹き荒れていた。ほかの人間たちから何マイルも離れて、断崖や深淵を抜けるどことも知れぬ道に、頼りになるガイドも地図もないままだった。お供の朝鮮人の方向感覚のおかげだったかもしれないし、たんなる幸運だったかもしれない。いずれにしても、深刻な事故にも遭わずに、一行は峰の反対側に出て、ふもとの谷間の村にたどりついた。そして、村

金剛山を登るケンプ（サンディ画）

でいちばんいい旅館を野営中の日本人将校が占領しているのを発見した。すぐさま嵐が襲ってきた。

▼瞑想の場

翌日、ケンプ一行は、日本軍人たちにソウル街道の方向にでる「忌わしい道」を教えられた。さらに別の峰をまず西方向に、それから南に向かって越える道だった。途中で無数の蝶や素晴らしい景色を見たし、斜面を勢いよく流れおちる川のほとりに小さな水車がいくつもあるところを通った。しかし、このときケンプ一行は、金剛山のなかでもっとも古く、美しい寺を見ることもなく、峰々の中心部から遠ざかっていた。暗くなって月がのぼるまで重い足どりでとぼとぼ歩きつづけていたが、突然暗闇から男がふたり現われて通り過ぎた。白い布にぐるぐるまきにされた遺体をふたりして黙然と運んでいた。ケンプは書いている。

「一行は、疲れて、気落ちして、すっかり黙りこくっていた。暗がりで下り坂がどれくらい急なのか見えなかったが、わたしたちは必死で馬にしがみついていた。疲れきってもう歩けなかったからだ」

こんないつにもなく沈んだ雰囲気のなかで、ケンプ一行はとうとうソウルに向かう街道に到達した。ソウルからは満州の大連港《ターリエン》まで蒸気船で、そこから鉄のシルクロードに乗ってロシア領トルキスタン経由でヨーロッパに帰る旅になる。

それでも、さまざまな苦しいことがあったり、ぎりぎりのところで好機を逃したりしたにもかかわらず、残っている三人の姉妹に献呈した旅行記のなかで、ケンプは旅の終わりにすべてを肯定的に回顧している。旅の途中で遭った人たちをとくに友好的だとは思わなかったが、警告されていた盗賊や「日本人ごろつき」にも遭わなかったし、むしろ「全般的な居心地の良さ」を経験した。なんといってもケンプは金剛山を旅した西洋人のパイオニアのひとりで、道を記し、それ以前にはヨーロッパ人はおそらく誰も見たことのない山々一帯を馬で通り抜けた。そして、パイオニアとして、その足跡をたどろうとする人たちに助言することができた。ケンプはそうした未来の旅行者たちに、金剛山には五月か初秋に訪れること、そしてなかでもとくに、ルートを熟知し、信頼できる朝鮮人ガイドを同行させるように、と勧めている。しかし、長いあいだ苦労したチャオ氏については、この人がいたことで一行に箔《はく》がついた、「なぜなら朝鮮人は中国人におおいに尊敬の念を抱いているから」と、擁護した。

エミリー・ケンプはその後中国には数回旅しているが、朝鮮は二度と訪れなかった。第一次世界大戦中はパリの陸軍病院に勤務し、戦争が終わると旅行と執筆の生活に戻って、日本が中国北東部における支配を強めていること、中国そのものの様相を変えている大規模な社会変動などを注視していた。「日本と中国が仲良くし、相互の主張に公正な決着をつければ……、両国の前にはほかに例のない繁栄の領域が広がるだろう」と、一九二〇年代初めに書いている。

ケンプは七〇代に入っても著作を続け、「その最期の日まで、中国の生命と運命にきわめて強い関心をもちつづけた。訪英するすべての中国要人のみならず、きわめて身分の低いすべての中国人留学生もよく知り、接触しているようだった」(Helen Darbishire)。家業の繊維工場から相当の富を相続し、慈善事業や美術品購入に充てた。美術品は、一九三九年クリスマスにケンプが死去した後、オクスフォードのアシュモレアン博物館に寄贈された。そこにはイタリアおよびフランドルの絵画を含む希少で貴重な作品が何点かあったが、ケンプの友人であり師でもあったフランスの版画家アルフォンス・ルグロによるケンプの見事な肖像画も一点ある。しかしもっとも衝撃的な作品は、同じくルグロの作である〝死と乙女〟をテーマとしたインク・ドローイングだ。そこには、ふっくらした、しかしちょっと気だるげな若い女が、にやりと笑っている骸骨と、ドキッとするくらいエロティックな抱擁を交わしている姿が描かれている。ケンプはいったいどんな気持ちでこの絵を壁にかけていたのだろう。そして、結局のところ、この旅の陰の道連れについて、わたしはどれくらい知っているのだろうか。

しかし、エミリー・ケンプのしたもっとも気前がよく野心的な贈り物は、オクスフォード大学の出身カレッジの敷地に建てた小さなチャペルだった。これにケンプは匿名の寄付をした。すこしばかり論争を呼んだ贈り物でもあった。カレッジ当局は宗派抗争のはびこっていた当時のオクスフォードで宗教的情熱をかきたてることを恐れて、このチャペルをどうしていいのかわからないようだった。つい最近のある歴史家の指摘によれば、この論争によって「自らの意見を恐れず口にする自立した女たち」(Judy G. Batson) の場として、このカレッジの評判は高まった。

チャペルは今もあり、ふさわしい記念物である。飾り気のない石造りの建物で、内部は白い丸天井になっている。特定の宗派に属さず、決まった聖職者もおかず、ケンプが意図したように、ただ「瞑想《めいそう》、祈り、そのほかの精神修養」のための場としてそこにある。シンプルな宗教原理への焦点は、(ケンプを知っていたある人によると) ケンプが「極東諸民族のキリスト教改宗者や、仏教、道教、その他の宗教を信じる男女との接触」(Darbishire) を通して学んだことである。

チャペルの扉の上に掲げるようにとケンプが要請した銘には、「我が家はすべての民族のための祈りの家と呼ばれる」（同前）とある。エミリー・ケンプの没後、カレッジの学寮長は、ケンプがこのチャペルを「普遍的な兄弟愛」（Vera Brittain）のシンボルとして計画した、と記録した。ケンプの生涯を思えば、「……と姉妹愛」と付け足してもいいかもしれない。

▼金剛山散策

通川を過ぎるとわたしたちのたどる道はカーブして内陸に向かう。通り過ぎる家並みの漆喰塗りの白い外壁は林檎《りんご》の浮彫で飾られ、扉の上には柿が描かれている。海岸線と並行に走っていくと、砂地に葦《あし》や草が丈高く茂って絡みあっている、広い平原をわたる。南の方には、春の空を背景に、金剛山のぎざぎざの峰々がそびえている。道は上り坂になり、キムさんは熟練の腕で易々《やすやす》とトヨタをあやつり、いくつものヘアピンカーブを右に左に折れていく。ときどき長いトンネルに飛び込む。北朝鮮のトンネルはどこもまったく照明がなく、ここも同じなのだが、暗闇のなかを幽霊のように動く歩行者がヘッドライトにときどき浮かびあがる。最後に家を見てから何マイルも来ているのに、それでも人の姿がある。スマートなプリーツスカートとブロケードの上着の女の人が自転車を押しながら山道をのぼっていく。小さな赤ちゃんを真っ赤なベルベットの帯にくるんで抱っこした男女も。この人たちはどこから来たのだろう。どこにいくのだろう。

高い峠で車を停める。片側では山の斜面が海の方向に落ち込み、反対側には、細い小道が山頂へと上がっていく。その小道の始まるところに、漆喰の鹿が二頭立っている。北朝鮮版のバンビ。近くでカーキ色の作業服の男たちが野外の昼ごはん中。キムさんはこのツアーには何度も来ているから、残って自動車を見張る。リさんは、山歩きにはまるで向いていない、パールピンクのおしゃれなハイヒールを履いている。それで、リュウ氏とサンディとわたしだけが小道を登って山に入る。


道は急坂で、粗く砕いた花崗岩で舗装されている。聞こえるのは鳥の声と、近くの岩のあいだから滝のように落ちる小さな流れのつぶやきだけ。この地域のせせらぎや川の水はあくまで透明で、おそらくは土壌に含まれるなんらかの成分のせいだろう、ガラスのような薄い緑色をおびている。郭公《かっこう》が鳴き、つづいて、ずっと遠くで耳障りな雉の声。この山の斜面には木があまりないが、苗木の柔らかな緑におおわれている。上の尾根には、黒々した見張りの松の木が数本。松と松のあいだから裸の岩が尖塔のようにそびえたっている。

小道を上りきるすぐ前に水溜りがある。山頂に抱かれ、切り立った崖を背負った窪《くぼ》みに灰緑色の水がたたえられている。岩の表面の花崗岩には割れ目がはいり、永劫の風と雨に襞がより、割れ目にしがみついている雪の下の花の群が吹き寄せられた雪のようだ。近くで見ると岩は、灰色をおびた青から、深いブロンズがかった金色まで、とても珍しい色をしている。八世紀の中国の僧、澄観《ちょうかん》のことばを思いだす。「上から下まで、ぐるっとすべてがすっかり金でできていなくとも、山の領域に入れば、流れる水の砂のなかではすべてが金である」。水溜りのふちの砂に破壊が散らばっている。はるか下界の漁村からやってきた人たちが山歩きに持参した食べ物の残り。

わたしたちは頂上まで登る。ほんのちょっと歩くだけだ。ここまで来ると、もっと先に行きたくなる。目の前にひろがる山や峡谷を、何時間も、何日も、歩きたい。でも、決めるのはガイド。東の方には、木の茂っていない茶色の山肌がぼんやりと光る海に向かって下っている。西と南の方角を見れば、魅惑的な山並みに、奥へ奥へと、尖った峰々のあいだに、峡谷の迷路のなかへと、視線がひきこまれる。

三〇〇年前、朝鮮の偉大な画家、鄭敾《チョンソン》がこの風景を〝真景山水画〟とよばれる技法でとらえた。しかし鄭敾の絵は、細かいところまで正確で、雰囲気もよくとらえているのだけれど、人間の目が見たことのない風景を見せてくれる――天上の見晴らしのいいスポットから、じっと見詰められた峰々。鄭敾の目は人間の視界の全幅にひろがっている――峰のひとつひとつ、谷や滝のひとつひとつ、寺や、崖に半分隠れている隠棲所、身をのりだしている木のひとつひとつに。

目の前に広がる風景を見渡せば、ほとんど鄭敾の超越的な遠近法で見ているつもりになれる。峰々は水の流れや峡谷によって複雑に折りたたまれ、割りこまれている。ところどころに木々が深い森をつくっている。剝《む》きだしの岩が直立した巨石のように、オベリスクのように、ケルンのように、そそりたっているところもある。じっと見れば見るほど、さまざまな形が浮かびあがってくる――人の顔、ガーゴイル、あんぐり開けた口。

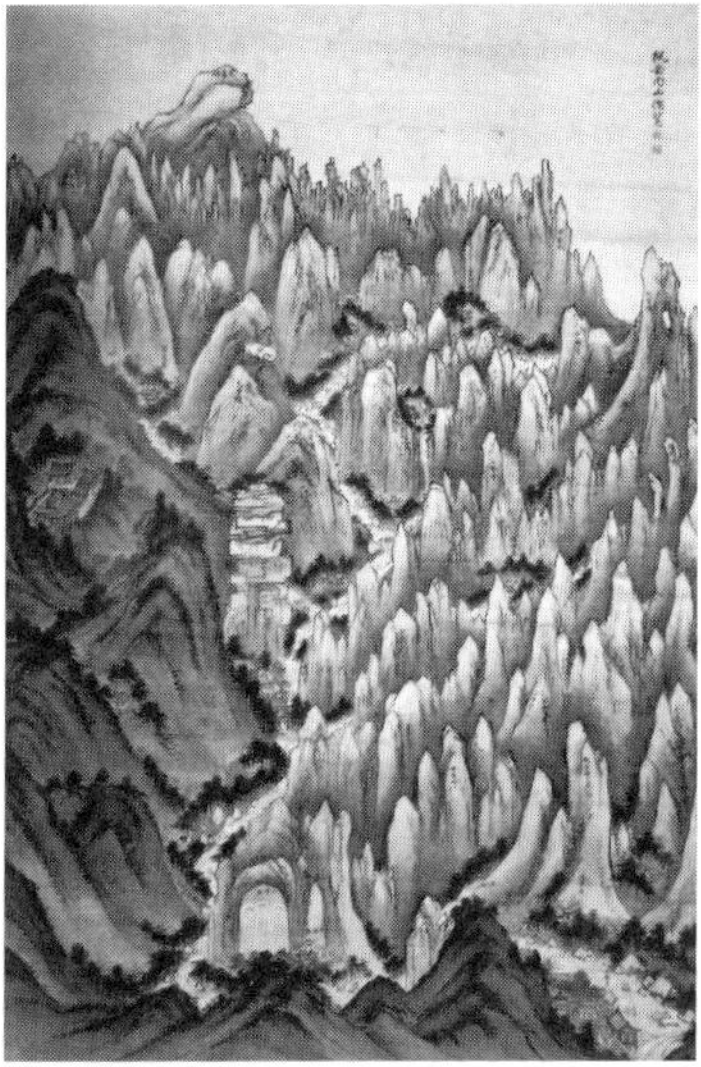

李氏朝鮮の画家・鄭敾（1676－1759）が描いた金剛山

しかしここでも、この分断された国の物語がいつもそうであるように（と思えるのだが）、真のゴールはじれったくなるほど近くにあって、それでいてどうしても手が届かない……。

視界の果ての、青白くなっているあの尾根は、きっと、エミリー・ケンプとその同行者たちが、のろのろ、よたよたした荷役ポニーに乗って必死に越えた山に違いない。その先の谷には、ちょうど隠れて見えないが、再生し、新たに塗られた塗料を輝かせている神渓寺がたっている。東の方には、韓国の観光リゾートが緑色のプラスチックの柵にかこまれている。四つ星ホテル、ファミリーマート、土産物店やコンクリートのサーカス・ドームが今や捨てられ、がらんどうで、山からの風に吹きさらしになっている。もっと南には、目を凝らしても見えないほど遠くに、消えてしまった長安寺の遺構を一列に並んだ石が標している。見えない山襞のあいだのどこかに、大きな三体の仏像が今も岩肌から時代の変遷を無表情に見つめ、生き残った表訓寺の外に吊るされた鉦《かね》を風が今も揺らし、崩れゆく小さな普徳庵は、これまで何世紀もそうしてきたように、断崖にしっかりしがみついている。

わたしたちは頂上のすぐ下で、古い岩の一角に腰をおろして、一休みする。

サンディは熱心なリコーダー奏者で、どこに行くにもソプラノ・リコーダーを携えている。ここでバックパックから楽器をとりだして、スコットランドのほろ苦い旋律を吹きだすと、リュウ氏はびっくり。

小道の下で辛抱強く待ってくれているリさんとキムさんが心配になってきたが、リュウ氏が穏やかに笑う。「もうちょっと待ってくれますよ」

山の平安のなか、リュウ氏は母親の思い出を語りはじめる。朝鮮戦争で家族を粉々に壊され、成人してからは主体思想の夢に献身し、わたしたちが今旅してきた社会で年老いているお母さん。

「母はいつも言います。『幸運は一生に一度だけだよ。大事なことは、幸運が来たときに、そうとわかること。たいていの人は幸運がきても、通り過ぎるままにしてしまって、見てもいないのさ』って、そう言うのです」

リュウ氏の幸運は、どうやら、妻と出会ったことらしい。

仲人が最初にふたりを引き合わせたとき、リュウ氏は人民軍の兵士だった、という。「最初に会ったとき、妻はわたしを痩せすぎで弱そうだ、まともな兵士じゃない、と思ったそうです」

リュウ氏はちょっと悲しそうに笑って、岩の上で体を動かして楽な姿勢になる。

「でも仲人はこの問題についてわたしにはなにも言わなかった。そのあともう一度会って、三度目に会いたいとわたしが言ったとき、妻は、もちろんそのときは妻じゃありませんが、来なかったのです。わたしは妻の家まで行きました。妹が出てきて、『姉はあなたに会いたくないと言っている』と言いました。わたしは怒りました。すごく怒りました。でもその次の日、妻が突然電話をかけてきたのです。わたしは怒鳴りつけましたが、そのあと妻がどんどん話しはじめたのです。両親が病気だということ、毎日母親の世話をしていること、などなど。すると突然、わたしたちは互いを理解しました。そして……」ここでリュウ氏はことばを切って、頭のなかの英語のフレーズ倉庫をあちこちかきまわして正しい表現を探している。「そしてそのとき、わたしはハートを失いました」

リュウ氏は黙る。わたしたちはしばらく座ったまま、水溜りの浅瀬で蛙が鳴くのを聞く。南の方、この峰々が尽きるところには、世界でもっとも軍事的な境界線に沿って今も有刺鉄線が伸びている。この峰々のふもとの地では戦争がまだ終わっていない。すぐ下では黒いトヨタ四輪駆動車が待っていて、わたしたちを平壌《ピョンヤン》に運んでくれる。でも、今は、もうちょっと待ってもらおう。

海からの風が、金剛山をかたちづくる終わりのない仕事を黙って続けるなかで、わたしたちは水面を走るさざ波を見ながら座っていた。

あとがき

朝鮮半島を縦断するわたしたちの旅からおよそ二年たって、金正日《キムジョンイル》が死去し、三男の正恩《ジョンウン》が謎に包まれた北朝鮮政治機構のトップの座に就いた。金日成《キムイルソン》生誕一〇〇周年を記念する国家祝賀行事が迫り、北東アジア地域全体が根底から変化しつつある瞬間におきた北朝鮮の指導者交代は、メディアの強い関心をひき、金王朝継承者についてのあれこれの憶測をよぶことになった。新聞やテレビジョンが、新指導者が子ども時代に癇癪《かんしやく》をおこしたとか、一〇代にバスケットボールに熱中したとか、断片的な情報を競って報道している。その一方で、グローバルな電子メディア時代に北朝鮮もゆっくりではあっても、もはや抗いようもなくとりこまれていることが明らかになった。北朝鮮の国営テレビジョンが金正恩を詳細にとりあげた最初の番組が、ほぼ即座にYouTubeで全世界に流されたのだ。そこには、軍事パレードを閲兵したり、作戦演習を見守ったり、（ほとんど子どものような喜悦の表情で）戦車の砲塔にのってポーズをとったりと、新たな後継者がその祖父である金日成、父である金正日の足跡をたどる情景がくりかえし映しだされていた。それでも、延々とくりひろげられる軍事的過去の合間に、ほんの一瞬だけ、待望される未来も見えたのだった。新指導者が亡き父親と遊園地で楽しそうに遊んでいる姿のほかに、国内だけで使える北朝鮮独自のインターネット、光明《クワンミョン》にログオンしている人たちの肩越しに熱心に覗きこみ、ちょっとのあいだ自らもアクセスしてみている映像があった。

外国メディアが北朝鮮の出来事について報道するとき、その対象はほとんどいつも現在のこの瞬間と国家指導者に限られている。でもわたしはこの本で、現在を越えたところを、そして政治の公式な表面の奥を、眺める必要性を強調しようと努めた。新しい指導者がどのようなコースをとることになるにしろ、表面を一皮むいたところで、現在のすぐむこうで、北朝鮮はすでに重大な変化を遂げつつある。

崩壊しつつある社会主義制度の残した穴を、すでに抑えようもないところまで成長した市場経済が埋め、富める者と貧しい者とのギャップはますます広がっている。最近の研究では、繁栄にわきたつ北東アジア圏の真ん中にあって、北朝鮮では子どもの三人に一人以上が栄養失調状態にあるという。しかし、こんな苦しみと並行して、市場経済型企業（合法、非合法を問わず）が伸びてきて新しい中流階級をうみだし、従来の政治エリート層をはるかに超える階層として拡大している。第三世代携帯電話ネットワークを発足させて三年ほどしかたっていない北朝鮮で、すでに百万人以上の市民が携帯電話を所有している（もちろん、リさんやリュウ氏もそのなかにいる）。男性はすべて公式な国家システムのなかに職をもっているために、新興起業家の多くは女性であり、その経済的プレゼンスの高まりは北朝鮮の凝り固まった家父長制度の根底をひそやかに揺るがしている。

世界のメディアがミサイル発射や核兵器開発や指導者の人物像といった問題にこだわっているなかで、小規模な国際組織がこの国の変化に静かに貢献していて、その幅と数が増えている。ドイツのNGOの世界飢餓援助機構は北朝鮮の農民を助けて、トウモロコシの交配種を開発し、トラクターの修理部品を製造している。フラー・センター・フォー・ハウジングは、安価で耐久性のある住居を建設するアメリカのキリスト教系NGOで、北朝鮮の烏山里《オサンリ》で労働者向けの新しい住宅を建てている。アイルランドの人道組織コンサーン・ワールドワイドは農民や林業専門家とともに持続的農業プロジェクトを開発し、すっかり伐採されてしまった山の斜面に植林している。長期的には、国営テレビジョンでの公式発表や金日成広場での軍事パレードとならんで、こうしたささやかな活動が北朝鮮の、ひいてはこの地域全体の、未来をかたちづくるのだろう。

*

わたしは冷戦時代の子である。わたしの子ども時代、ふつうのイギリス人にとって東ドイツ、ポーランド、ハンガリーなどに旅することなど考えられなかった。ところが、現在の居住国としているオーストラリアからイギリスに帰ると、目に入るのは、ハンガリーやルーマニアからのトラック、ロシアやウクライナから来た観光バスなどが英仏海峡トンネルの出口から北に向かって高速道路を疾走する光景である。そして、ポスト冷戦のヨーロッパしか知らない世代のイギリス人はそんな光景をごくあたりまえに見ている……。

わたしが初めて日本に来た一九七〇年代初めころ、中国に旅することはきわめて難しく、サハリン、ウラジオストック、ウランバートルといったところを訪ねるなど想像もできなかった。それから三〇年ほどのあいだに、北東アジアを分ける深い政治的断層がしだいに溶解するのを見てきた。今わたしは心に決めている——せいぜい長生きしなくてはいけない。長生きして、平壌《ピョンヤン》からの観光客が東京スカイツリーにバスで乗りつけてエレベーターの前に長蛇の列をつくっている光景を、冒険好きな日本のバックパッカーが新しく友だちになった北朝鮮の若者と金剛山《クムガンサン》でピクニックをしている光景を、この目で見とどけなくてはならない。できたら、エミリー・ジョージアナ・ケンプとメアリー・マクドゥーガルの旅をもう一度たどることもしよう――今度こそ、有刺鉄線と地雷原と機関銃砲床のラインを迂回してあんなにひどく遠回りをしなくていいだろう。

そのときがきたら――きっともうすぐなのだから――北東アジアについて、そのなかでの日本の位置について、日本人の見方はどう変わるだろうか。

この本に書いたのは、いまだに分断されている北朝鮮の風景を通りぬけた旅のこと、瞠目すべきすばらしい出会いの多くあった、たくさんの人たちの好意と友情のおかげで実現できた、そんな旅のことである。この旅に辛抱強く同行してくれたエマとサンディに、そして、旅のなかで中国、北朝鮮、韓国で出会った親切で暖かいたくさんの人たちに、心からの感謝をささげる。北朝鮮で会った人たちの何人かについては、ご承知の理由から、個人を特定できるような事柄は曖昧にする必要があった。そのため、書かれている出来事や会話はすべてじっさいにあったのだけれど、そのとおりの順序や場所であったわけではなく、特定の個人の細部についてもプライバシーを守るために変えたことを記しておきたい。

さらに、この本を原稿の段階で読んで意見を言ってくださった同僚たちに深く感謝したい。また、この旅の報告の（この本とは違うところも多少ある）英語版の編集にあたったRowman & Littlefield社のスーザン・マッケカーンにも感謝をささげたい。そして、繊細で緻密な翻訳をしてくださった田代泰子さんと、無謀な旅行プランを現実にし、さらにはこうして本として刊行するまでに至ったこの長い希望の旅の行程をずっと伴走してくださった集英社の落合勝人さんには、とくに心からのお礼を申しあげたい。

北朝鮮について書けば必ず、好意的なものから反感までさまざまな反応があるだろうと予想している。しかし、ありうるあらゆる反応のなかでわたしがもっとも強く望むのは、わたしがエミリー・ケンプの本に刺激されたように、あちこちでこの本を読んだ人たちが刺激をうけて、鴨緑江《アムノッカン》へ、そのむこうへ、金剛山のそびえたつ峰々へと発見の旅にでること、それによって、時と場所を旅した何百年、何千年にわたる巡礼者たちの数がさらにふえることである。

二〇一二年四月一三日

テッサ・モーリス－スズキ

関連年表

一八七五	江華島事件（日本と朝鮮の間に起きた武力衝突）。
一八七六	日朝修好条規。李氏朝鮮が開国（片務的領事裁判権の設定と、関税自主権の喪失を含む不平等条約）。
一八八四	甲申政変（金玉均ら開化派によるクーデター）。
一八九四	甲午農民戦争（民衆宗教〈東学〉信者による反侵略・反封建闘争）。 日清戦争勃発。 **イザベラ・バード『朝鮮紀行』の旅（～一八九七）**。
一八九五	日清戦争終結。日清講和条約（下関条約）調印。日本、三国干渉により遼東半島を返還。 閔妃、暗殺される。
一八九七	朝鮮、大韓帝国を宣布。
一九〇〇	義和団事件（中国華北一帯に広がった反帝国主義運動）。
一九〇四	日露戦争勃発。
一九〇五	日露戦争終結。第二次日韓協約（乙巳保護条約）調印（日本による朝鮮半島の実質的な植民地化を含意）。
一九〇九	安重根、伊藤博文をハルビンで射殺。

一九一〇	朝鮮併合。
一九一一	E・G・ケンプ *The Face of Manchuria, Korea, and Russian Turkestan* の旅。辛亥革命。鴨緑江鉄橋竣工（朝鮮と満州の鉄道網が連結）。
一九一二	中華民国成立。朝鮮、土地調査事業実施（〜一九一八）。
一九一四	第一次世界大戦勃発。
一九一八	第一次世界大戦終結。
一九一九	朝鮮で三・一独立運動。中国で五・四運動。
一九二一	中国共産党結成（二二年、日本共産党結成。二五年、朝鮮共産党結成）。
一九二三	関東大震災。
一九二七	朝鮮、新幹会による日本への抵抗運動（〜一九三一）。
一九三一	満州事変。
一九三二	満州国建国宣言。五・一五事件。
一九三六	二・二六事件。
一九三七	盧溝橋事件、日中戦争勃発。朝鮮で「皇国臣民の誓詞」の斉唱を強要（皇民化政策の実施）。
一九三九	第二次世界大戦勃発。
一九四〇	「創氏改名」の実施（朝鮮人の家族制度と名前を日本式に変更）。
一九四一	太平洋戦争勃発。

一九四五	日本敗戦。満州国皇帝溥儀、退位。金日成と抗日遊撃隊、朝鮮半島へ帰還。金日成、平壌のソ連軍歓迎人民大会で演説。
一九四八	済州島で四・三事件。大韓民国樹立。朝鮮民主主義人民共和国樹立。
一九四九	中華人民共和国樹立。
一九五〇	朝鮮戦争勃発。
一九五一	サンフランシスコ講和条約。
一九五二	韓国大統領・李承晩、平和ライン宣言。日本、メーデー事件。
一九五三	朝鮮戦争休戦協定調印。
一九五五	日本、五五年体制（与党・自由民主党と野党・社会党の構図）成立。在日本朝鮮人総連合会結成。
一九五六	日ソ共同宣言。
一九五九	北朝鮮への帰国事業開始。
一九六〇	四月革命により、韓国大統領・李承晩辞職。日米安保条約改定。岸信介内閣総辞職。池田内閣、所得倍増計画（高度経済成長）。
一九六一	韓国、五・一六軍事クーデター。
一九六三	朴正煕、韓国大統領に就任。
一九六四	東京オリンピック開催。
一九六五	日韓基本条約締結。アメリカ、ベトナム北爆を本格化。

一九六六	中国、文化大革命始まる。
一九七〇	七〇年安保闘争。
一九七二	沖縄、日本に復帰。田中角栄訪中、日中国交回復。韓国と北朝鮮、七・四南北共同声明。朴正熙、非常戒厳令を宣布し「維新体制」確立。
一九七三	金大中拉致事件。
一九七五	サイゴン陥落、ベトナム戦争終結。
一九七九	イラン革命。朴正熙射殺事件。
一九八〇	韓国、光州事件。全斗煥が大統領に。
一九八七	韓国で六月抗争、民主化へ。大韓航空機爆破事件。
一九八八	ソウルオリンピック開催。
一九八九	昭和天皇崩御。中国、天安門事件。ベルリンの壁崩壊、東欧民主化。
一九九一	湾岸戦争勃発。韓国と北朝鮮、国連に同時加盟。朝鮮半島非核化共同宣言署名。ソビエト連邦崩壊。
一九九三	日本、自民党下野、細川連立政権発足。欧州連合（EU）発足。
一九九四	金日成主席死去。米朝枠組み合意。
一九九五	阪神・淡路大震災。地下鉄サリン事件。村山富市首相、戦後五〇周年式典で過去の侵略と植民地支配について謝罪。
一九九七	アジア通貨危機。韓国、金大中大統領当選。

一九九八	金大中大統領による対北朝鮮への「太陽政策」。日韓共同宣言。韓国、日本の大衆文化を解禁。
二〇〇〇	金大中、北朝鮮を訪問。史上初の南北首脳会談。
二〇〇一	九・一一米国同時多発テロ。アメリカ軍、アフガニスタンへ武力攻撃。
二〇〇二	日韓、ワールドカップ共催。小泉純一郎首相訪朝、日朝平壌宣言。北朝鮮、日本人拉致を認める。韓国、盧武鉉大統領当選。
二〇〇三	北朝鮮、核兵器不拡散条約脱退を宣言。六カ国協議を開始。イラク戦争勃発。
二〇〇四	第二回日朝首脳会談。日本、陸上自衛隊イラク派遣。
二〇〇六	北朝鮮が、核実験を実施したと発表。
二〇〇七	韓国大統領・盧武鉉、平壌を訪問。第二次南北首脳会談。韓国、李明博大統領当選（保守政党のハンナラ党が政権奪回）。
二〇〇八	北京オリンピック開催。アメリカ、オバマ大統領当選。
二〇〇九	韓国、盧武鉉前大統領自殺。日本、民主党の圧勝で政権交代。 **テッサ・モーリス－スズキ『北朝鮮で考えたこと』の旅。**
二〇一一	東日本大震災。金正日、死去。

引用文献一覧

E. G. Kemp, *The Face of Manchuria, Korea and Russian Turkestan*, Duffield and Co., 1911.
E. G. Kemp, *Chinese Mettle*, Hodder and Stoughton, 1921.
E. G. Kemp, *The Face of China: Travels in East, North, Central and Western China*, Chatto and Windus, 1909.
E. G. Kemp, *There Followed Him Women: Pages from the Life of the Women's Missionary Association of the Baptist Missionary Society, 1867 to 1927*, Baptist Missionary Society, n.d..
E. G. Kemp, *Reminiscences of a Sister: S. Florence Edwards, of Taiyuanfu*, Carey Press, 1919.
Michel Foucault, "Of Other Spaces (1967), Heterotopia", http://foucault.info/documents/heteroTopia/foucault.heteroTopia.en.html.
Owen Lattimore, *Manchuria: Cradle of Conflict*, Macmillan, 1932.
Herbert H. Austin, "A Scamper through Korea", in *Korea: Its History, Its People and Its Commerce*, J. B. Millet, 1910.
F. A. McKenzie, *The Tragedy of Korea*, E. P. Dutton and Co., 1908.
Helen Darbishire, "In Memoriam: Emily Georgiana Kemp", in *Somerville College Chapel Addresses and Other Papers*, Headley Brothers, 1962.
E. H. Edwards, *Fire and Sword in Shansi: The Story of the Martyrdom of Foreigners and Chinese Christians*, Fleming H. Revell Co., 1903.

James S. Gale, *Korean Sketches*, Fleming H. Revell Co., 1898.
Later Letters of Marcus Dods, D.D., Hodder and Stoughton, 1911.
Louise Jordan Miln, *Quaint Korea*, Osgood, McIlvaine and Co., 1895.
Helen Foster Snow, *My China Years*, Harrap, 1984.
Bertha Lum, *Gangplanks to the East*, Henkle-Yewdale House, 1936.
George Curzon, *Problems of the Far East*, Longmans Green, 1894.
Isabella Bird Bishop, *Korea and Her Neighbours*, Fleming H. Revell Co., 1898.
Trevor Philpott, "The Refugees: A World Survey", *Rotarian*, December 1960.
Daniel L. Gifford, *Every-Day Life in Korea: A Collection of Studies and Stories*, Fleming H. Revell Co., 1898.
Elizabeth Keith, *Eastern Windows: An Artist's Notes of Travel in Japan, Hokkaido, Korea, China and the Philippines*, Houghton Mifflin, 1928.
Department of Railways, Japan, *An Official Guide to Eastern Asia, Vol. 1: Chosen and Manchuria, Siberia*, Department of Railways, 1920.
Judy G. Batson, *Her Oxford*, Vanderbilt University Press, 2008.
Vera Brittain, *The Women at Oxford: A Fragment of History*, Macmillan, 1960.

伊藤武雄『満鉄に生きて』勁草書房、一九六四年
柳宗悦『民藝四十年』岩波文庫、一九八四年

本書は、Tessa Morris-Suzuki, *To the Diamond Mountains*, Rowman & Littlefield, 2010. を元に、日本の読者向けにアレンジした「東北アジア百年の旅」（集英社新書ホームページに連載）を、新書化にあたって改題し、加筆修正したものである。また、E. G. ケンプの挿画は、E. G. Kemp, *The Face of Manchuria, Korea and Russian Turkestan*, Duffield and Co., 1911. から引用した。

テッサ・モーリス-スズキ

一九五一年イギリス生まれ。英ブリストル大学卒業、バース大学phD。オーストラリア国立大学研究学院教授。専攻は日本近代史。著書に『北朝鮮へのエクソダス』『辺境から眺める』『批判的想像力のために』『過去は死なない』『自由を耐え忍ぶ』など多数。共著に『デモクラシーの冒険』(姜尚中)、『天皇とアメリカ』(吉見俊哉) ほか。

田代泰子(たしろ やすこ)

一九四四年、横浜市生まれ。翻訳家。主な訳書に『増補版 敗北を抱きしめて(下)』(ジョン・ダワー)、『過去は死なない』『北朝鮮へのエクソダス』(以上、テッサ・モーリス-スズキ) など。

北朝鮮《きたちょうせん》で考《かん》えたこと

集英社新書〇六四三D

二〇一二年五月二二日 第一刷発行

著者……テッサ・モーリス-スズキ 訳者……田代《たしろ》泰子《やすこ》

発行者……館 孝太郎

発行所……株式会社集英社

東京都千代田区一ツ橋二-五-一〇 郵便番号一〇一-八〇五〇

電話 〇三-三二三〇-六三九一(編集部)

〇三-三二三〇-六三九三(販売部)

〇三-三二三〇-六〇八〇(読者係)

装幀……原 研哉

印刷所……凸版印刷株式会社

製本所……加藤製本株式会社

定価はカバーに表示してあります。

 ISBN 978-4-08-720643-2 C0226 Printed in Japan

a pilot of wisdom

集英社新書　好評既刊

歴史・地理——D

「日出づる処の天子」は謀略か　黒岩重吾
日本人の魂の原郷 沖縄久高島　比嘉康雄
沖縄の旅・アブチラガマと轟《とどろき》の壕　石原昌家
アメリカのユダヤ人迫害史　佐藤唯行
怪傑！ 大久保彦左衛門　百瀬明治
伊予小松藩会所日記　増川宏一
ナポレオンを創った女たち　安達正勝
富士山宝永大爆発　永原慶二
お産の歴史　杉立義一
中国の花物語　飯倉照平
寺田寅彦は忘れた頃にやって来る　松本 哉
妖怪と怨霊の日本史　田中 聡
陰陽師　荒俣 宏
ヒロシマ——壁に残された伝言　井上恭介
幽霊《ゴースト》のいる英国史　石原孝哉
悪魔の発明と大衆操作　原 克

戦時下日本のドイツ人たち　上田浩二・荒井 訓
英仏百年戦争　佐藤賢一
死刑執行人サンソン　安達正勝
信長と十字架　立花京子
戦国の山城《やまじろ》をゆく　安部龍太郎
パレスチナ紛争史　横田勇人
ヒエログリフを愉しむ　近藤二郎
僕の叔父さん 網野善彦　中沢新一
太平洋——開かれた海の歴史　増田義郎
アマゾン河の食物誌　醍醐麻沙夫
フランス反骨変人列伝　安達正勝
ハンセン病 重監房の記録　宮坂道夫
幕臣たちと技術立国　佐々木譲
武田信玄の古戦場をゆく　安部龍太郎
勘定奉行 荻原重秀の生涯　村井淳志
江戸の妖怪事件簿　田中 聡
紳士の国のインテリジェンス　川成 洋

a pilot of wisdom

沖縄を撃つ！	花村萬月
反米大陸	伊藤千尋
ハプスブルク帝国の情報メディア革命	菊池良生
大名屋敷の謎	安藤優一郎
イタリア貴族養成講座	彌勒忠史
陸海軍戦史に学ぶ 負ける組織と日本人	藤井非三四
在日一世の記憶	小熊英二 姜尚中 編
徳川家康の詰め将棋 大坂城包囲網	安部龍太郎
「三国志」漢詩紀行	八木章好
名士の系譜 日本養子伝	新井えり
知っておきたいアメリカ意外史	杉田米行
長崎グラバー邸 父子二代	山口由美
江戸・東京 下町の歳時記	荒井修
警察の誕生	菊池良生
愛と欲望のフランス王列伝	八幡和郎
日本人の坐り方	矢田部英正
江戸っ子の意地	安藤優一郎
長崎 唐人屋敷の謎	横山宏章
人と森の物語	池内紀
新選組の新常識	菊地明
ローマ人に学ぶ	本村凌二